Ciencias de la naturaleza

Biología y Geología 3 ESO

El libro **Biología y Geología** para 3.º de ESO es una obra colectiva concebida, diseñada y creada en el departamento de Ediciones Educativas de Santillana Educación, S. L., dirigido por **Enrique Juan Redal**.

En su realización ha participado el siguiente equipo:

Ignacio Meléndez Hevia
Miguel Ángel Madrid Rangel
Marcos Blanco Kroeger
Eduardo Vidal-Abarca

REVISIÓN CIENTÍFICA
Julio Pérez Márquez
Ignacio Meléndez Hevia
Miguel Ángel Madrid Rangel

EDICIÓN
Pilar de Luis Villota
Susana Lobo Fernández

DIRECCIÓN DEL PROYECTO
Antonio Brandi Fernández

Proyecto **Los Caminos del Saber**

Santillana

Pon en práctica tus capacidades

El miedo a engordar

«Vomitaba hasta el agua que bebía»

Un estudio de la Universidad de Barcelona revela que la mitad de los niños de 8 a 12 años tiene miedo a engordar, un dato que indica hasta qué punto influye en los pequeños el valor que los adultos damos a la imagen. Ese trabajo contiene otro dato no menos preocupante: el 46 % de los chiquillos que están a dieta ni siquiera tiene sobrepeso.

[...] «Aquello fue desastroso», recuerda [la protagonista]. Al principio, el médico de cabecera le dijo a su madre que no había de qué preocuparse, que era una chica muy inteligente «y que las niñas así suelen ser un poco raras».

«Cuando estudié [...] qué era la anorexia, descubrí la llave que abría la puerta de mi salud». «Trastorno de la alimentación caracterizado por una alteración en el esquema corporal, asociado a la pérdida del apetito o del deseo de ingerir alimentos».

ABC, 14 de abril de 2009

DEBES RECORDAR

El concepto de salud como un estado de bienestar, y no solo como la ausencia de enfermedad (unidad 1).

Las diferencias entre nutrición y alimentación (unidad 2).

Los trastornos relacionados con la alimentación y el concepto de anorexia (unidad 2).

La representación gráfica de datos estadísticos (asignatura de matemáticas).

1. ● El tono en que está escrito el primer párrafo, ¿indica que el artículo está destinado a personas adultas, a niños o a adolescentes? ¿Con qué grupo de edad se identifica el autor?

2. ●● La protagonista narra que tardó mucho tiempo en darse cuenta de que su anorexia era una enfermedad que podía llevarla a la muerte. Considerando las palabras del médico que la trató inicialmente, señala la opción u opciones que creas que describen mejor cómo se sentiría la protagonista ante la evaluación.

a) Halagada al saber que la consideraban una chica muy inteligente.

b) Aliviada al saber que su médico consideraba que no había motivos de preocupación.

c) Ignorada al darse cuenta de que no se tomaban en serio su estado de salud.

d) Menospreciada al ver que la consideraban una niña «rara» e inmadura.

3. ●● El «miedo a engordar» se promueve activamente en los anuncios comerciales.

Pon dos ejemplos de formas en las que se presiona a las personas para que ajusten su imagen física a unos modelos de belleza determinados. ¿Qué características identifican a esos modelos que nos imponen?

4. ● Recuerda el concepto de anorexia e indica qué significa que esta enfermedad se caracteriza por «una alteración en el esquema corporal».

a) Que la persona se ve a sí misma más gorda de lo que está en realidad.

b) Que la persona se obsesiona con el aspecto físico de sus conocidos.

c) Que la persona desarrolla una enfermedad del aparato digestivo, como consecuencia de la cual deja de ingerir alimentos.

5. ●●● Elige cuál de las siguientes frases describe correctamente los problemas que conlleva la anorexia y explica su significado.

a) La anorexia es una enfermedad del aparato digestivo que produce falta de apetito.

b) La anorexia es un trastorno relacionado con la alimentación que consiste en que lo que se ingiere no es asimilado.

c) La anorexia es un trastorno del comportamiento que lleva a las personas a rechazar el alimento, lo que acaba produciendo un problema de desnutrición.

d) La anorexia es un problema debido a la pérdida de peso causada por una dieta rigurosa.

6. ●● La anorexia tiene consecuencias más graves en los niños y adolescentes que en los adultos. Explica brevemente por qué.

7. ●●● En las adolescentes, una de las primeras consecuencias de la anorexia es la amenorrea, o desaparición de la menstruación. ¿Cuál de las siguientes opciones representa la mejor explicación de este hecho?

a) No existe relación entre la pérdida de apetito y la menstruación; probablemente es una casualidad el que ambas cosas se presenten simultáneamente.
b) La pérdida de la menstruación puede ser una consecuencia del desequilibrio que se produce en el metabolismo ante la situación de desnutrición.
c) La pérdida de apetito es la causa de la desaparición de la menstruación.
d) La desaparición de la menstruación se produce por no ingerir alimentos.

8. ●●● ¿Cuáles de los siguientes diagramas de sectores se identifica con los resultados del estudio de la Universidad de Barcelona que se cita en la noticia? Explica tu elección.

a)

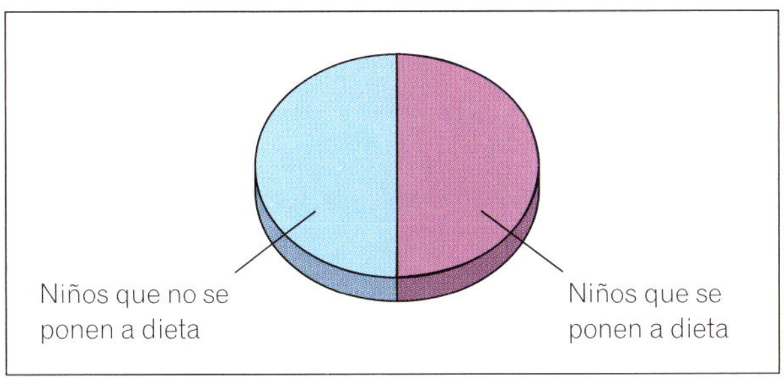

b)

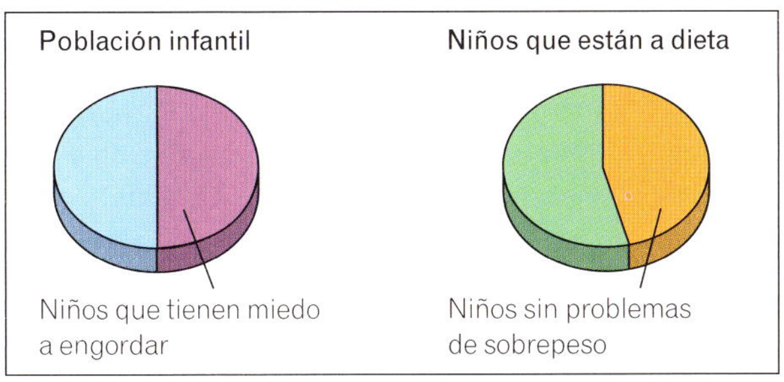

c)

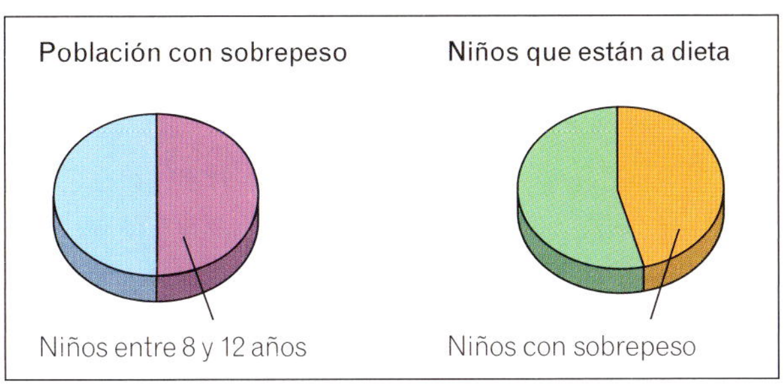

9. ●● En el estudio realizado por la Universidad de Barcelona que se cita en la noticia se indica que «la mitad de los niños de 8 a 12 años tiene miedo a engordar»; sin embargo, no se dice cuántos niños se entrevistaron para obtener ese dato.

Indica cuál de las siguientes opciones es más correcta a la hora de evaluar si el estudio es fiable o no.

a) No es importante saber cuántos niños se entrevistaron. Lo importante es el resultado de que la mitad de ellos respondieron afirmativamente cuando se les preguntó si tenían miedo a engordar.
b) Es importante saber cuántos niños fueron entrevistados, porque cuanto mayor sea ese número mayor será el porcentaje de los que reconozcan tener ese miedo.
c) Cuanto mayor sea el número de niños entrevistados, más fiables serán los resultados del estudio.
d) Los porcentajes que se obtienen de una encuesta no dependen del número de individuos entrevistados.

10. ● Suponiendo que los datos que se dan en la noticia proceden de una encuesta realizada a 600 niños que están a dieta, calcula cuántos de ellos tienen sobrepeso.

11. ●●● Un adolescente de 14 años ha ingerido a lo largo del día los siguientes alimentos:

Desayuno: un vaso de leche, un bollo relleno de chocolate y una tostada con mantequilla y mermelada.

Almuerzo: un bollo y un refresco de cola.

Comida: macarrones con tomate y queso, filete de carne picada de ternera con patatas fritas, natillas, pan y agua.

Merienda: una bolsa de aperitivos de maíz, un bollo de crema y un referesco de cola.

Cena: arroz con huevo frito y tomate, un yogur de fresa, pan y agua.

¿Se puede considerar que esta persona sigue una dieta equilibrada?

Rodea con un círculo «V» o «F» según sea verdadera o falsa cada una de las siguientes afirmaciones:

En esta dieta se ingieren proteínas en exceso.	V / F
La mayoría de los alimentos de esta dieta son ricos en glúcidos.	V / F
Es una dieta pobre en fibra.	V / F
Se ingieren suficientes alimentos crudos ricos en vitaminas.	V / F

Pon en práctica tus capacidades

La donación de células, tejidos y órganos

El déficit de reservas de sangre afecta a seis comunidades

La falta de previsión está causando un importante déficit de reservas de sangre en Madrid, Andalucía, Murcia, Cantabria, Galicia y Aragón.

Así lo ha asegurado el presidente de la Federación Española de Donantes de Sangre, Martín Manceñido Fuertes, que señaló que esta situación se agrava por la «mayor actividad quirúrgica después de Reyes», cuando reabren los quirófanos.

«Es el momento de pedir a la gente que haga un esfuerzo adicional» en esas seis comunidades autónomas con mayor déficit, aseguró Manceñido.

El País, 18 de enero de 2009

DEBES RECORDAR

La donación de células, tejidos y órganos (unidad 2).
Las dos caras del sistema inmunitario (unidad 2).
Las células madre (unidad 2).
La composición de la sangre (unidad 5).

1. ● En la primera frase de la noticia se menciona la falta de previsión como causa de la escasez de sangre para transfusiones. Esto significa que:

a) Esta escasez se debe a que los donantes no han proveído de sangre a los centros de esas seis comunidades autónomas.
b) La escasez se debe a que las provisiones de sangre han descendido.
c) El déficit de sangre es debido a la falta de previsión, que ha producido una demanda de sangre para transfusiones mayor de lo habitual.
d) Los responsables no previeron que la mayor actividad quirúrgica después de Reyes aumentaría la demanda.

2. ●● Si la sangre de un donante es del tipo cero positivo (0^+), ¿qué personas pueden recibir esa sangre en una transfusión sin que se produzca un problema de rechazo?

a) Cualquiera, ya que ese tipo es el donante universal.
b) Cualquiera que tenga el Rh positivo.
c) Cualquiera que tenga el Rh negativo.
d) Solamente las que sean del mismo tipo cero positivo.

3. ● La donación de sangre se considera:

a) Una donación de células.
b) Una donación de tejidos.
c) Un trasplante.
d) Una donación de órganos.

4. ● Todas las previsiones apuntan a que el envejecimiento de la población mundial agravaría el problema de los bancos de sangre, ya que los ancianos son los que más transfusiones necesitan, mientras que las donaciones proceden mayoritariamante de los jóvenes. Indica cuáles de las siguientes causas pueden producir este envejecimiento.

a) El aumento de la natalidad.
b) La disminución de la mortalidad infantil.
c) El aumento de la esperanza de vida.
d) La inmigración.

5. ●● En la misma noticia se mencionan, como factores que pueden empeorar la situación en un futuro, que «En 2050, la población mundial de ancianos se habrá duplicado» y que «al haber menos población joven también habrá menos donantes». ¿Cuál de estas medidas crees que podrían corregir en parte esta situación?

a) Restringir las transfusiones de sangre, por ejemplo no interviniendo quirúrgicamente a los ancianos cuando se considere que la probabilidad de éxito de una operación es baja.
b) Aumentar el reclamo publicitario para que más personas se conviertan en donantes de sangre.
c) Disminuir la edad mínima a la que se puede donar sangre, que actualmente es de 18 años.
d) No intervenir quirúrgicamente a las personas que nunca hayan donado sangre.

6. ●● Estos son tres anuncios diferentes para captar donantes de sangre.

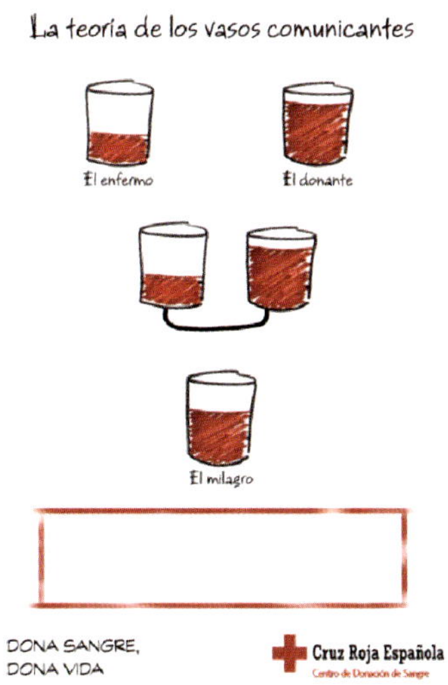

Explica en pocas palabras cuál te llama más la atención y qué crees que se quiere transmitir en cada uno.
¿Qué mensaje pondrías tú en un anuncio para animar a las personas a hacerse donantes?

7. ●● En los últimos años se ha descubierto que las células madre de la sangre del cordón umbilical pueden ser utilizadas para la curación de algunas enfermedades como la leucemia. Esta sangre se extrae en el momento del parto sin que suponga ninguna molestia ni ningún riesgo para la madre ni para el niño. Tradicionalmente se ha desechado el cordón umbilical, hasta que se descubrieron las enormes posibilidades terapéuticas de la sangre que contiene. ¿Qué consideras que debería hacerse con este tejido tan útil?

a) Utilizarlo directamente, sin tener que pedir permiso a la madre.
b) Explicar a los padres el gran valor de ese tejido y hacerles ver la importancia de que lo donen para su uso médico.
c) Pagar a los padres que lo donen.
d) Conservarlo, pero solo para usarlo con la madre o con el hijo si en un futuro necesitaran una transfusión o un trasplante.

8. ●● Indica qué se dona en los siguientes casos: células, tejidos u órganos, poniendo una X en la casilla correspondiente.

Tipo de donación	Células	Tejido	Órgano
Riñón			
Óvulos			
Sangre			
Médula ósea			
Piel			
Corazón			
Hígado			
Córnea			
Esperma			

9. ●● La tasa española de donantes se sitúa en 34,2 por millón de habitantes. Sabiendo que en España hubo 1577 donantes en 2008, ¿cuántos habitantes hay en España?

a) Si 34,2 por cada millón son 1577, entonces 1577 / 34,2 = 46,1 millones de habitantes.
b) Si por cada millón de habitantes hay 1577 donantes, entonces hay 1577 · 34,2 = 53,93 millones de habitantes.
c) No puede deducirse la población española con esos datos.
d) 34,2 millones de habitantes.

10. ●● Imagina que un amigo tuyo sufre un accidente. Es hospitalizado rápidamente pero, tras unas horas en estado crítico, fallece. Tú estás con sus familiares cuando un médico se acerca y les explica que existe la posibilidad de extraerle ciertos órganos y tejidos para usarlos en trasplantes, lo que no supondrá en ningún caso el desfiguramiento del cuerpo. Los familiares están indecisos. ¿Qué harías tú?

a) Comentarles que la donación es un acto de solidaridad, y que tu amigo estaría orgulloso de realizarlo.
b) Dejar que decidan ellos sin intervenir. Es preferible mantenerse al margen de estas decisiones.
c) Tratar de convencerlos de que los trasplantes son inmorales y de que no deben sustraerse tejidos ni órganos de una persona fallecida.

Estas son tres posibilidades, pero hay más. Escribe cuál sería tu actitud.

Pon en práctica tus capacidades

Prevención de enfermedades cardiovasculares

Uno de cada cuatro niños españoles sufre obesidad

Los últimos datos sobre obesidad infantil no son nada halagüeños. El 23 % de los niños españoles sufre sobrepeso en mayor o menor medida, según un estudio del programa Thao-Salud, diseñado para promover hábitos de vida saludable en el ámbito urbano, con el apoyo de la Agencia Española de Seguridad Alimentaria y Nutrición (AESAN).

El trabajo, que se basa en el análisis de casi 9 000 niños de entre tres y 12 años, saca a la luz «datos importantes y a la vez preocupantes», según Gregorio Varela, presidente de la Fundación Española de la Nutrición (FEN) y miembro del comité de expertos del citado programa.

«Con los datos actuales es fácil extrapolar lo que puede ocurrir cuando estos niños alcancen los 40 años», ha remarcado Varela, aludiendo a los importantes problemas cardiovasculares que se asocian al exceso de peso.

En la franja de edad de 13 a 17 años estas cifras son algo menores, aunque no por ello menos importantes. En torno al 20 % de esta población padece sobrepeso y, de ellos, aproximadamente una cuarta parte sufre obesidad.

El Mundo, 26 de junio de 2009

DEBES RECORDAR

Anatomía del corazón y del sistema circulatorio (unidad 5).
Las enfermedades del sistema circulatorio y los hábitos saludables (unidad 5).
Las funciones del sistema linfático (unidad 5).
La dieta mediterránea. Hábitos saludables de alimentación (unidad 3).

1. ●● Lee con atención la noticia e indica cuál de estas opciones es la correcta.

a) La AESAN ha realizado un estudio sobre obesidad infantil, asesorada por expertos de la FEN.

b) El programa Thao-Salud, presidido por el doctor Varela, ha presentado a la AESAN un estudio sobre obesidad infantil.

c) En el marco del programa Thao-Salud se han realizado varios estudios para promover hábitos de vida saludable en el entorno urbano, entre ellos un estudio sobre obesidad infantil.

d) La FEN constituye un comité de expertos de la AESAN que, entre otros programas, ha realizado un estudio sobre obesidad infantil.

2. ● En la noticia se menciona la relación que hay entre la obesidad y las enfermedades cardiovasculares. Indica si las siguientes enfermedades se pueden clasificar como cardiovasculares.

- Diabetes.
- Trombosis.
- Sida.
- Infarto de miocardio.
- Infarto cerebral.
- Arteriosclerosis.

3. ●● La Organización Mundial de la Salud menciona, entre los factores que contribuyen a un exceso de peso, la abundante alimentación disponible y de alta densidad energética y la desestructuración de los ritmos alimentarios. ¿Qué son los alimentos de alta densidad energética?

a) Alimentos ricos en proteínas, como el pescado, la carne y los huevos.

b) Alimentos ricos en fibra y agua, como la fruta.

c) Alimentos ricos en almidón, como el arroz, la pasta y el pan.

d) Alimentos ricos en grasas y azúcares, como la bollería, los chocolates y los dulces.

4. ● ¿Cuál o cuáles de los siguientes casos pueden identificarse con la expresión «desestructuración de los ritmos alimentarios» que menciona la OMS?

a) Picar entre horas.

b) Saltarse una o más comidas.

c) No comer todos los días exactamente a la misma hora.

d) Comer algunos días fuera de casa.

5. ●● A menudo se menciona la obesidad como uno de los factores modificables de riesgo para la salud. ¿Qué significa que la obesidad es un «factor de riesgo modificable»?

a) Que si se modifican factores como la alimentación y el ejercicio físico es posible disminuir la obesidad, y por tanto el riesgo.
b) Que puede ser factor de riesgo o no, dependiendo de ciertas circunstancias.
c) Que la obesidad modifica la forma de vida de las personas y supone además un riesgo para la salud.
d) Que puede modificarse la obesidad sin que resulte modificado el riesgo de sufrir enfermedades como la artrosis.

6. ● Indica si los siguientes factores que afectan a la calidad de vida de las personas se pueden considerar o no modificables.

a) La información genética de cada persona.
b) La alimentación.
c) El entorno social en el que una persona nace.
d) Las enfermedades congénitas.
e) Los hábitos de higiene y la actividad física.

7. ●● Indica cuál de las siguientes representaciones gráficas expresa adecuadamente los datos que se ofrecen en el último párrafo de la noticia. Ten en cuenta que la obesidad es una variedad grave de sobrepeso, y considera también que «20 %» equivale a decir «una quinta parte», mientras que «una cuarta parte» equivale a «25 %».

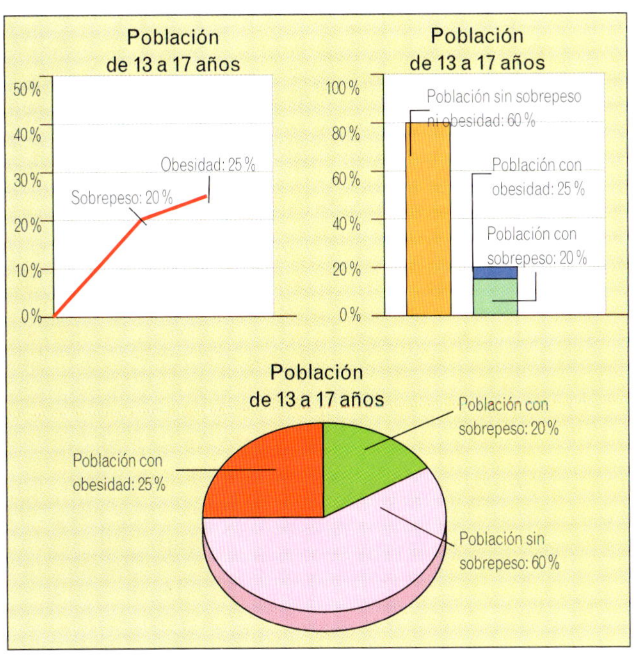

8. ●●● Entre los problemas cardiovasculares que se asocian a la obesidad están las trombosis, los fallos en las válvulas cardíacas, el infarto del músculo del ventrículo izquierdo (infarto de miocardio), la angina de pecho o infarto auricular, y otros.

Identifica en la figura las partes que componen el corazón e indica qué nombre de la lista se corresponde con cada uno de los elementos señalados:

Aurícula derecha; ventrículo derecho; aurícula izquierda; ventrículo izquierdo; válvula mitral; válvula tricúspide; vena cava inferior; vena cava superior; arteria aorta; arterias pulmonares; venas pulmonares; tabique interventricular; válvula sigmoidea aórtica; válvula sigmoidea pulmonar.

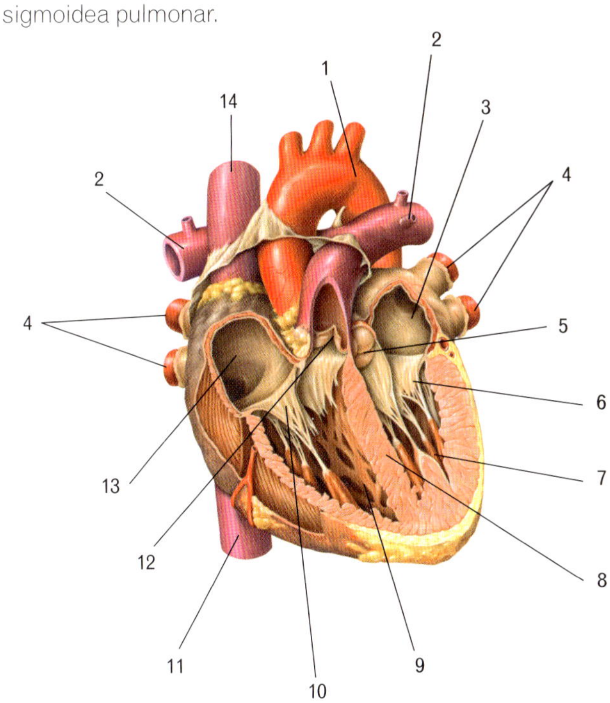

9. ●● La industria alimentaria ofrece constantemente nuevos productos para atraer a los clientes. Teniendo en cuenta que a las personas diabéticas el consumo de alimentos ricos en hidratos de carbono (harina, arroz, azúcares, etc.) les resulta muy perjudicial para su salud, ¿qué opinas de los productos «aptos para diabéticos», como turrones, pasteles, bollería, mermeladas, etc.?

10. ● Elabora una lista con los productos como pipas, aperitivos de maíz, etc., que consumes de forma habitual, especialmente si lo haces entre horas, y que podrían clasificarse en el grupo de los alimentos de alta densidad energética. Ten en cuenta que las pipas y otras semillas contienen una elevada proporción de grasa, y que los aperitivos suelen estar fritos con grasas, además de contener abundantes azúcares.

Pon en práctica tus capacidades

La legalización de las drogas a debate

Piden a los médicos de cabecera que se impliquen más en la prevención de las drogodependencias

La delegada del Plan Nacional sobre Drogas, Carmen Moya, participó ayer en Salamanca en unas jornadas sobre drogodependencias en las que animó a los médicos de cabecera a implicarse más en la lucha contra las drogas. [...]

Moya señaló que los hábitos, así como el perfil de los consumidores de drogas han cambiado bastante desde que se puso en marcha el primer Plan Nacional sobre Drogas en 1985. Al respecto, recordó que en aquellos primeros años, las drogas estaban relacionadas con la marginalidad y la delincuencia, mientras que en la actualidad el consumo se inicia los fines de semana y en entornos de ocio, y los consumidores, que están integrados perfectamente en la sociedad, tienden a «banalizar» la ingesta de drogas y alcohol suponiendo que pueden controlar el consumo.

LA RAZÓN, 7 de marzo de 2009

DEBES RECORDAR

Los hábitos saludables del sistema nervioso (unidad 6).

La presión de grupo como un factor de influencia en la conducta humana (unidad 6).

Los efectos de las drogas sobre el sistema nervioso (unidad 6).

La relación entre publicidad y conducta (unidad 7).

1. ● Deduce, por el contexto, qué significado tiene el verbo «banalizar».

a) Que los consumidores tienden a ocultar que consumen drogas.

b) Que los consumidores hacen de la ingesta de drogas una parte fundamental de su diversión.

c) Que los consumidores le quitan importancia a la ingesta de drogas.

d) Que los consumidores ingieren drogas con mucha frecuencia.

2. ●● Cuando la delegada del Plan Nacional sobre Drogas indica que en la actualidad el consumo se inicia los fines de semana y en entornos de ocio, deducimos por el contexto de la frase que:

a) Normalmente el consumo comienza durante el fin de semana y va decreciendo a lo largo de la semana para volver a iniciarse el fin de semana siguiente.

b) El consumo se produce durante los fines de semana debido a que no hay que asistir al trabajo o a los centros escolares.

c) Que las personas se inician en el consumo de drogas cuando realizan cualquier actividad de fin de semana.

d) Que es frecuente que los jóvenes se inicien en el consumo de drogas estando con los amigos durante los fines de semana.

3. ●● Uno de los argumentos para defender la legalización de las drogas es que es el individuo quien debe decidir sobre su consumo, y que no se le deben poner limitaciones prohibiendo su acceso a estas sustancias. Lee el siguiente texto sobre la Fundación de Ayuda contra la Drogadicción (FAD).

Aunque la FAD no es partidaria de la legalización, aboga por abrir el debate. «Habría que replantearse la operatividad de las leyes. Pocas cosas hay tan perversas como una norma que no se cumple», aseguró su director técnico, Eusebio Megías, y argumentó: «Está prohibida la venta de alcohol a menores, sin embargo, el 84 % de los jóvenes alcanzan la mayoría de edad habiendo consumido alcohol, y no poco».

LA RAZÓN, 29 de mayo de 2009

a) Los datos mencionados parecen indicar que la prohibición de venta de alcohol a menores no es muy efectiva para limitar su acceso al consumo. Según tu criterio, ¿significa eso que debería suprimirse esa prohibición y permitirse a los menores la adquisición y el consumo de alcohol en bares y sitios públicos?

b) Cuando la FAD se muestra partidaria de abrir el debate sobre la legalización y se muestra a la vez contraria a esta, ¿está mostrando una actitud contradictoria? Razona tu respuesta.

4. ●● Según la FAD, el 84 % de los menores de edad consumen alcohol a pesar de estar prohibido, y de sus palabras se deduce que si se legalizara este consumo, la cifra no aumentaría mucho; sin embargo, no se indica cuánto alcohol han bebido, solo se dice que «no poco». Indica qué te parece que ocurriría si se legalizara el consumo de alcohol.

a) Habría menos menores que lo consumirían.
b) Habría un número ligeramente mayor, pero no muy significativo de menores que lo consumirían.
c) La cifra del 84 % no cambiaría significativamente, pero esos menores consumirían mucha más cantidad, lo que haría aumentar el número de alcohólicos.

5. ●● ¿Cuál de estas dos gráficas te parece que representa adecuadamente los datos sobre consumo de drogas del artículo? Razona tu respuesta.

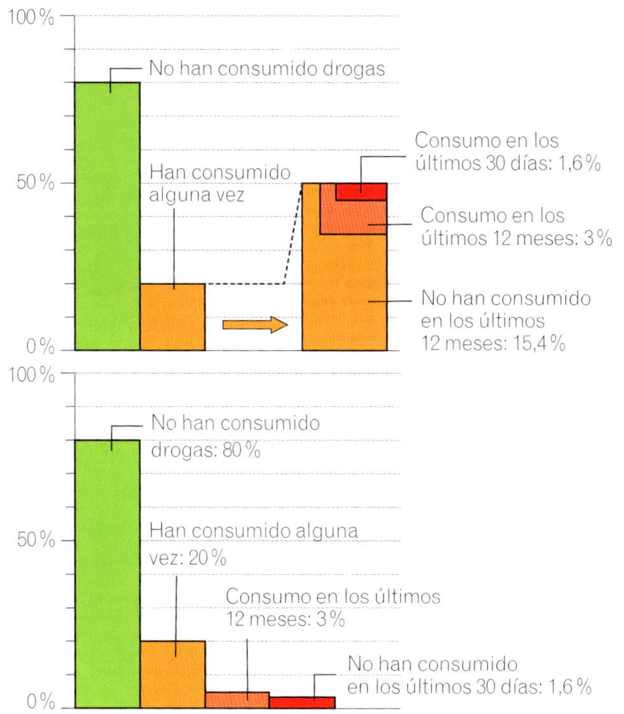

6. ●●● El consumo de drogas produce dos tipos de efectos fisiológicos: la tolerancia y la adicción. Busca información en internet sobre en qué consiste cada uno y qué síntomas presenta la persona adicta al consumo de drogas.

7. ●● La cocaína y el alcohol son drogas cuyo consumo es especialmente alto entre personas de elevados ingresos y de vida social muy activa, que participan con frecuencia en fiestas y que se sienten obligadas a llevar un ritmo de vida acelerado; sin embargo, sus efectos son antagónicos. ¿A qué grupo pertenecen estas drogas, cuáles son sus efectos y qué es lo que buscan las personas que las consumen?

8. ●● Imagina que vas a asistir a una fiesta con amigos tuyos a los que aprecias y con los que deseas quedar bien. Suponiendo que en esa fiesta te ofrezcan alcohol, tabaco y tal vez hachís o marihuana, que no quieres consumir, indica cuál o cuáles de las siguientes actitudes proporcionará a los demás la imagen de que eres una persona madura y con criterio.

a) Hacer como que pruebas estas sustancias pero sin hacerlo realmente.
b) Decir «No, gracias, paso» y no hacer más caso al asunto, siguiendo con lo que estuvieras haciendo.
c) Explicar a los demás que no te gusta probarlas ni que los demás las prueben.
d) Aceptarlas y probarlas ligeramente para quedar bien con los demás.

9. ●●● En otro artículo de *LA RAZÓN*, del 11 de julio del mismo año, se discute sobre la legalización del cannabis, y se comentan las afirmaciones de la doctora Marta Torrens, experta en el tratamiento de adicciones:

El principal riesgo del cannabis es su capacidad de actuar como desencadenante de enfermedades psiquiátricas tan graves como la esquizofrenia: «Triplica el riesgo de que la enfermedad aparezca en sujetos predispuestos», comenta Torrens. Pero un informe de la Comisión Clínica del Plan Nacional sobre Drogas del Ministerio de Sanidad encontró además que el consumo se asocia a la pérdida de memoria y a problemas de ansiedad y depresión, y también a un mayor riesgo de accidentes de tráfico. El riesgo es directamente proporcional a la dosis acumulada por la persona.

Según esta información, indica cuál crees que debería ser la postura del Gobierno ante la legalización del cannabis.

a) Es evidente que el consumo de esta droga resulta perjudicial para la salud, y por tanto es responsabilidad del Gobierno prohibir su venta y proteger a los menores contra la iniciación a su consumo.
b) Por muy perjudicial que sea el consumo de drogas, continúa siendo una opción personal que ninguna ley debería prohibir.
c) El Gobierno tiene que regular otros asuntos, como la economía y la política, y no debe intervenir en estos asuntos relativos a la salud.

10. ●● Redacta un breve texto donde expliques tu postura ante la posible legalización del cannabis y de otras drogas.

Añade tu opinión sobre el consumo de tabaco en los bares y otros lugares públicos.

Pon en práctica tus capacidades

Valoración de los métodos anticonceptivos

La píldora poscoital se venderá en las farmacias a partir del lunes

La píldora del día siguiente se podrá adquirir el lunes en las farmacias sin receta médica, como se anunció el pasado mayo en el Ministerio de Sanidad. El anticonceptivo de urgencia pretende «facilitar el acceso a todas las mujeres que lo necesiten, vivan donde vivan y en el plazo necesario para garantizar su eficacia (hasta 72 horas después de una relación sexual)».

Sanidad recuerda que «la píldora no debe emplearse como un método anticonceptivo habitual, pues existen otros, como el preservativo, que además previenen enfermedades de transmisión sexual como, por ejemplo, el sida».

Los farmacéuticos entregarán, junto con la píldora, material informativo sobre salud sexual y reproductiva.

El País, 25 de septiembre de 2009

DEBES RECORDAR

Las enfermedades infecciosas y las enfermedades de transmisión sexual (unidad 2).

La sexualidad y el sexo (unidad 8).

Los ciclos del aparato reproductor femenino (unidad 8).

Los métodos anticonceptivos (unidad 8).

1. ●● ¿Puede deducirse por el texto del segundo párrafo si la píldora del día después protege del contagio de enfermedades de transmisión sexual como la gonorrea?

a) El texto no menciona esa enfermedad, por lo que no puede deducirse nada al respecto.

b) El texto menciona que la píldora previene enfermedades de transmisión sexual; la gonorrea es una enfermedad de transmisión sexual, y por tanto puede deducirse que la píldora previene la transmisión de la gonorrea.

c) El texto indica que la píldora solo previene el contagio del sida, no de otras enfermedades de transmisión sexual.

d) El texto explica que la píldora no protege contra la transmisión de enfermedades de transmisión sexual como la gonorrea. Para ello existen otros métodos, como el preservativo.

2. ●● Explica por qué el método contraceptivo que se menciona en la noticia recibe el nombre de píldora poscoital o «píldora del día después», en qué casos debe utilizarse y cuál es su plazo de eficacia.

3. ●● La información del siguiente recuadro está extraída del tríptico informativo, editado por el Ministerio de Sanidad y Política Social sobre métodos anticonceptivos, y en él se mencionan las ITS.

MÉTODOS POCO RECOMENDABLES POR SU BAJA O NULA EFICACIA

Estos métodos, cuya eficacia anticonceptiva es considerada como baja o nula, tampoco protegen frente a las infecciones de transmisión sexual (ITS).

- ABSTINENCIA PERIÓDICA: Consiste en no mantener relaciones sexuales con penetración en los días considerados fértiles.
- COITO INTERRUMPIDO: Se lo conoce popularmente como el método de la marcha atrás. Consiste en retirar el pene de la vagina antes de que se produzca la eyaculación.
- ESPERMICIDAS: Son sustancias que destruyen los espermatozoides en la vagina, pueden presentarse como óvulos vaginales, cremas o esponjas vaginales.
- LAVADOS VAGINALES después del coito.

¿Son lo mismo las ITS y las ETS, o se consideran enfermedades diferentes?

4. ●● Lee la siguiente información extraída del tríptico «Píldora del día después, información para usuarias» editado por el Ministerio de Sanidad y Política Social.

> *Si tomas anticonceptivos orales tienes que continuar tomándolos de la forma habitual, aunque hayas tomado la píldora del día después.*
>
> *Al tomar la píldora del día después, la regla aparece generalmente en la fecha esperada, aunque en ocasiones puede adelantarse o retrasarse.*
>
> *Si se retrasa más de 7 días debes hacerte una prueba de embarazo.*

Una mujer que toma anticonceptivos orales mantiene una relación sexual el día 20 de septiembre utilizando un preservativo, pero tras la relación observa que el preservativo está deteriorado, por lo que se plantea tomar la píldora del día después. Teniendo en cuenta que ella espera la regla para el día 25 de septiembre, indica cuál de las siguientes opciones te parece más correcta.

a) Debe continuar tomando los anticonceptivos orales y tomar la píldora poscoital el día 24 de septiembre para que la regla le venga el 25.

b) Debe tomar la píldora poscoital el día 23 (72 horas después de la relación sexual).

c) Debe tomar la píldora poscoital tras la relación sexual, y si el día 27 no le ha venido la regla debe hacerse una prueba de embarazo.

d) Le conviene tomar la píldora poscoital cuanto antes, y debe seguir tomando los anticonceptivos orales.

5. ● En 2007 interrumpieron su embarazo 14 807 mujeres de entre 15 y 19 años. Las menores de 15 que acudieron a una interrupción voluntaria del embarazo fueron 500. De acuerdo con estos datos, indica cuál de estas opciones es correcta:

a) En 2007, 15 307 jóvenes menores de 19 años interrumpieron su embarazo (14 807 + 500).

b) En 2007, 14 307 jóvenes menores de 19 años interrumpieron su embarazo (14 807 − 500).

c) En 2007, 15 307 jóvenes de 15 o más años interrumpieron su embarazo.

d) En 2007, 15 307 mujeres de entre 14 y 20 años interrumpieron su embarazo.

6. ●● Escribe brevemente tu opinión sobre el aborto. Explica si crees que debe poderse aplicar a cualquier chica que desee interrumpir su embarazo en los supuestos y plazos que contempla la ley. A continuación realizar un debate sobre este tema.

7. ●● ¿Cómo valoras el dato de que en 2007 más de 15 300 mujeres menores de 19 años interrumpieran voluntariamente su embarazo?
Indica con cuáles de estas opiniones estás de acuerdo, arguméntalas y escribe brevemente tu opinión al respecto.

a) Es una vergüenza que se permita tal cosa; el aborto es un asesinato.

b) Es muy positivo que las mujeres puedan tomar libremente la decisión de continuar o no con un embarazo imprevisto, dentro de los plazos y los supuestos que admite la ley.

c) Es necesario aumentar el nivel de educación sexual de los y las adolescentes para reducir en lo posible estas cifras, ya que cada aborto es un trauma físico y psicológico que sería deseable evitar a las mujeres.

d) El aborto debe ilegalizarse. La educación sexual debe quedar restringida al ámbito familiar: ni los colegios o institutos, ni las entidades gubernamentales deben inmiscuirse en el terreno de la educación sexual de las personas.

e) No es un problema de educación sexual, sino de disciplina. Los adolescentes deben aprender que la sexualidad debe desarrollarse en el marco de un matrimonio y que no es una actividad para jugar o entretenerse con ella.

8. ●● ¿Cómo valoras la publicación de trípticos informativos gratuitos por parte del Ministerio de Sanidad y Política Social?
De las siguientes frases, señala aquella o aquellas con las que estés de acuerdo.

a) No tienen mucho interés ni resultan útiles para informarse sobre métodos anticonceptivos, ETS o sexualidad.

b) Tienen mucho interés, y todos los adolescentes y jóvenes deberían leerlos antes de tener relaciones sexuales.

c) Pueden ser de interés para una chica que ha mantenido relaciones sexuales y cree que puede estar embarazada.

d) Conviene leerlos si se han mantenido relaciones sexuales con personas que podrían habernos transmitido una ITS.

e) Tienen interés y deben complementarse con información recibida por los padres, profesores y médicos o especialistas.

f) La cantidad de información es excesiva. Utilizar preservativo en las relaciones sexuales es suficiente para evitar todos los posibles riesgos de embarazo y de transmisión de ITS y de ETS.

Pon en práctica tus capacidades

Actuación en caso de riesgos meteorológicos

El río Girona se desborda y derriba un muro en El Verger

Una gota fría de manual. Una bolsa de aire frío en capas altas y viento de levante en superficie. La consecuencia son lluvias generalizadas, intensas que «se desplazan de sur a norte del litoral valenciano», según el director del Laboratorio de Climatología en la Universidad de Alicante, Jorge Olcina. Trombas, añadió, que en Alicante han traído el mayor episodio de «gota fría» en la ciudad desde las inundaciones de 1997.

El País, 25 de septiembre de 2009

Toda el agua de un año en 15 días

Unos 20 700 alumnos de 52 centros se vieron afectados por la suspensión de clases a causa de la lluvia, casi todos (14 000) en La Ribera y L'Horta. Además se cortaron 16 carreteras (entre ellas, la AP-7 en Benissa) y en una treintena se recomendaba circular con precaución.

A los meteorólogos no les gusta usar el término gota fría para describir estas tormentas debido a la carga dramática que lleva consigo esta expresión. Por eso, desde el centro de Valencia de la Agencia Estatal de Meteorología prefieren hablar de Depresión Aislada en Niveles Altos (Dana): precipitaciones provocadas por el viento húmedo que entra del mar cargado de agua evaporada de un Mediterráneo muy templado (a 24 grados) que entra en colisión con un embolsamiento de aire frío en altura (15 grados negativos a 5 000 metros) que provoca la condensación del agua y las trombas de lluvia.

El País, 30 de septiembre de 2009

DEBES RECORDAR

La energía solar en la Tierra, y la dinámica atmosférica (unidad 9).
Meteorología y clima (unidad 9).
Interpretación de mapas meteorológicos (unidad 9).
Conversión de unidades y cálculos sencillos (asignatura de Matemáticas).

1. ●● En un texto las frases se separan con puntos, y cada frase debe llevar un verbo, sin embargo en las dos primeras frases de la primera noticia el verbo está omitido. Escríbelas en tu cuaderno haciendo explícitos los verbos correspondientes.

2. ● Lee detenidamente la última parte de la primera noticia. En ese contexto, la palabra «trombas» significa:
   a) Lluvias intensas.
   b) Una zona de Alicante.
   c) El nombre de la persona que añade el comentario de que en Alicante han traído el mayor episodio de gota fría desde 1997.
   d) Una medida récord que no se alcanzaba desde 1997.

3. ● Extrae del texto de la primera noticia la información necesaria para escribir en tu cuaderno una definición breve de «gota fría» en el sentido meteorológico.

4. ●●● La existencia de aire frío en las capas altas de la atmósfera y de aire cálido y húmedo en superficie, procedente del mar, produce unos movimientos característicos de las masas de aire.
   Señala la respuesta correcta.
   a) El aire frío permanece estable en altitud, mientras el aire caliente se desplaza horizontalmente bajo él.
   b) El aire frío tiende a ascender produciendo intensas precipitaciones, mientras el aire cálido y húmedo permanece cerca de la superficie.
   c) El aire cálido tiende a ascender y el aire frío tiende a descender hacia la superficie.

5. ●●● El dibujo adjunto representa el planeta Tierra y la luz del Sol que le llega. Cópialo y añade la línea del ecuador y el eje de rotación, de manera que en el hemisferio norte sea verano. Indica la localización de los polos.

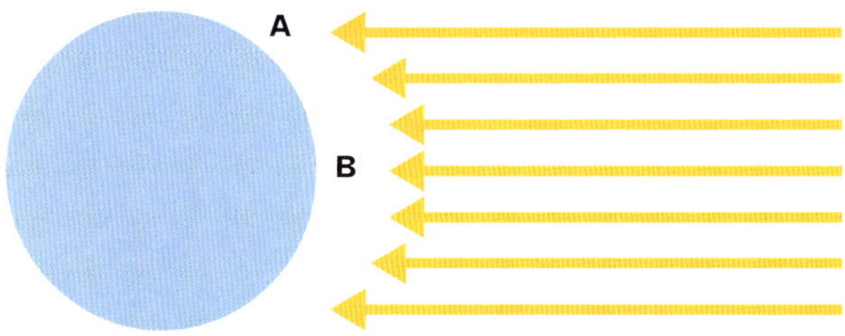

Basándote en tu dibujo, indica en qué zona, A o B, sería mayor la cantidad de radiación solar que recibe el planeta por unidad de superficie.

a) Es mayor en B porque la superficie terrestre se encuentra perpendicular a la dirección de los rayos solares.

b) Es mayor en B porque la superficie terrestre se encuentra paralela a los rayos solares.

c) Es mayor en A porque en esa zona la latitud es mayor.

d) Es mayor en A porque esa zona se encuentra perpendicular a los rayos solares.

6. ●● Indica cuál de los tres mapas de isobaras siguientes permite predecir fuertes lluvias en el litoral mediterráneo. Explica por qué.

a)

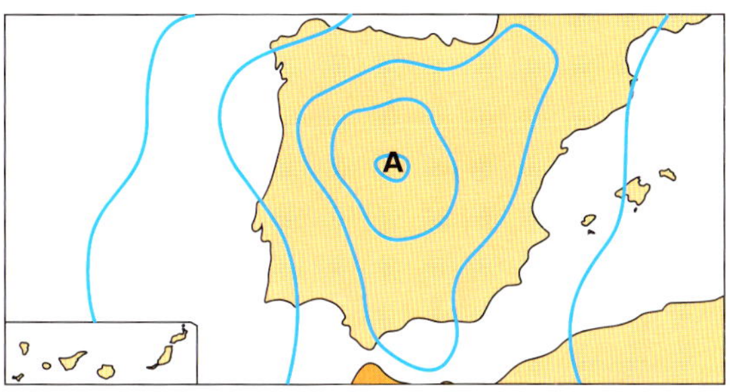

b)

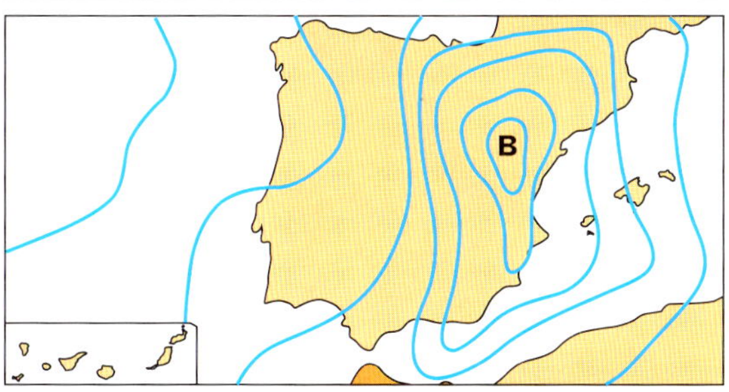

c)

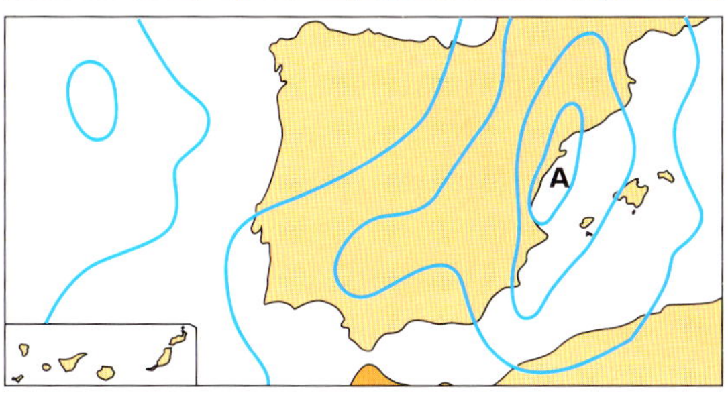

7. ●● Las intensas precipitaciones aludidas en la noticia, ¿Son un fenómeno meteorológico o climático? Razona la respuesta.

8. ●● En casos de emergencia como el que se dio en las comunidades valenciana, andaluza, catalana y murciana en esas fechas, es importante saber cómo actuar. Explica dónde y cómo podrías recabar la información necesaria para saber qué hacer en estas situaciones.

9. ● En el sureste peninsular abundan las ramblas, cauces habitualmente secos, que en muchos casos están cruzados por carreteras y caminos, y que en casos de tormenta se ven rápidamente inundados por avenidas torrenciales.

Imagina que durante una fuerte tormenta circulas en coche con unos amigos y que la carretera cruza una rambla por la que baja una pequeña corriente de agua. No parece peligrosa, y el conductor propone cruzarla rápidamente y pregunta la opinión de los demás. ¿Qué crees que sería aconsejable?

a) Cruzarla rápidamente confiando en que el firme de la carretera esté bien y en que la corriente no sea peligrosa.

b) Votar y hacer lo que diga la mayoría.

c) Depende de la prisa que tengáis, será aconsejable esperar o será mejor intentar cruzar.

d) Retroceder, situar el coche en un sitio seguro y esperar que las condiciones mejoren.

10. ●● Imagina que estás en una pequeña localidad costera. Tras una lluvia torrencial que se prolonga durante más de una hora, un arroyo se ha desbordado y una corriente de agua cada vez más rápida y caudalosa discurre por la calle principal inundando los sótanos, las plantas bajas y la vivienda donde te encuentras. ¿Cuáles de estas medidas consideras que sería aconsejable adoptar?

a) Cortar la luz de tu vivienda para evitar un cortocircuito debido a la inundación.

b) Salir a la calle para evitar que la inundación te atrape en casa.

c) Subir a una planta superior o a la azotea del edificio.

d) Encender las luces para que se vea que hay personas en el interior de la vivienda.

e) Llamar por teléfono a los bomberos o a la policía e indicarles tu posición.

f) Subir al coche para intentar abandonar la zona de inundación y riesgo.

g) Salir a la calle para acercarte lo más posible a la zona del arroyo y evaluar la gravedad de la situación.

La célula

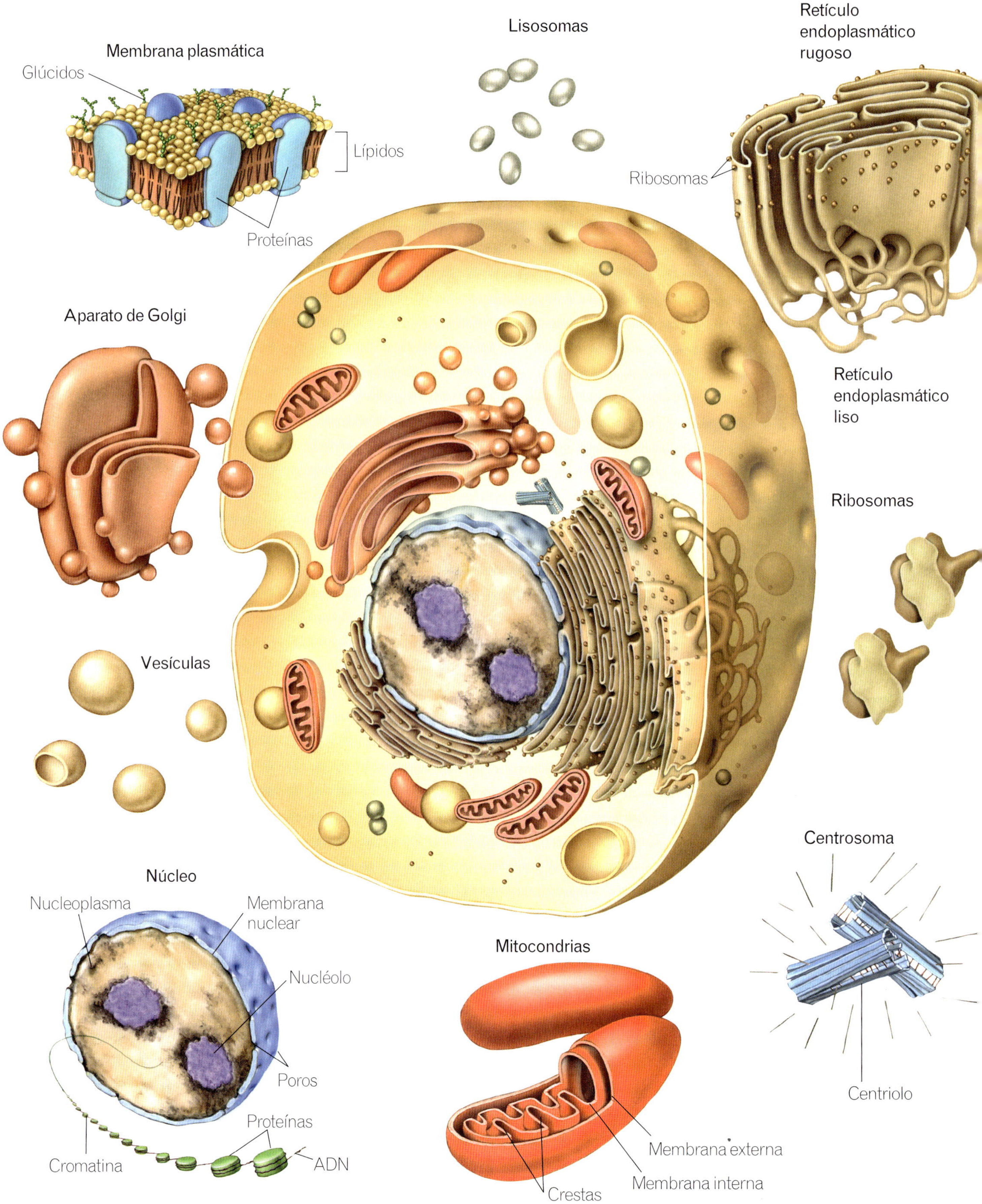

Membrana plasmática
Glúcidos
Lípidos
Proteínas
Lisosomas
Retículo endoplasmático rugoso
Ribosomas
Aparato de Golgi
Retículo endoplasmático liso
Ribosomas
Vesículas
Núcleo
Nucleoplasma
Membrana nuclear
Nucléolo
Poros
Proteínas
Cromatina
ADN
Mitocondrias
Membrana externa
Membrana interna
Crestas
Centrosoma
Centriolo

Tejidos

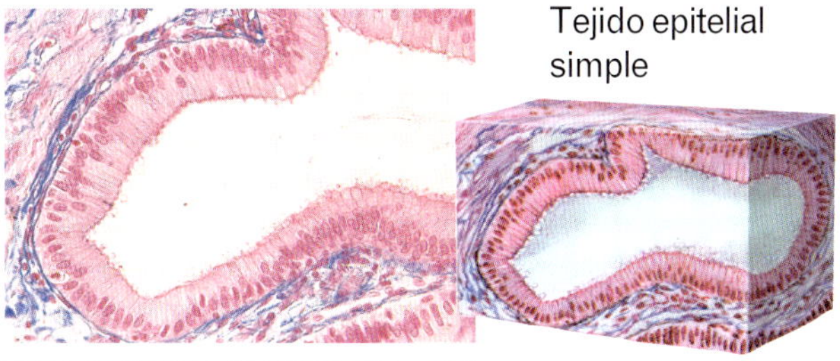
Tejido epitelial simple

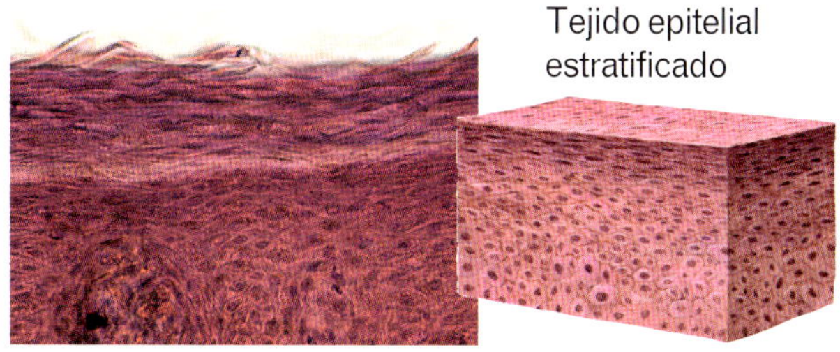
Tejido epitelial estratificado

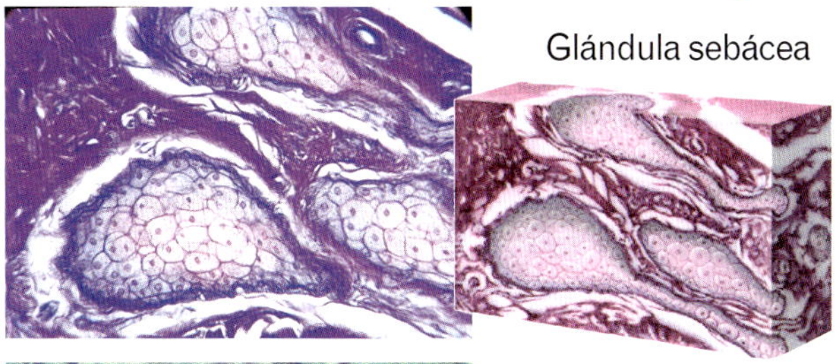
Glándula sebácea

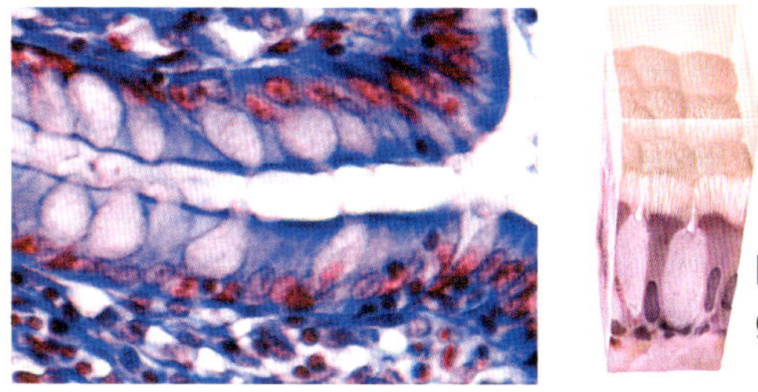
Epitelio glandular

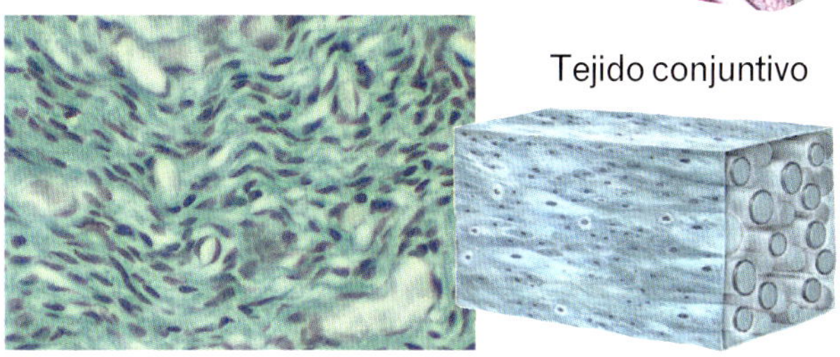
Tejido conjuntivo

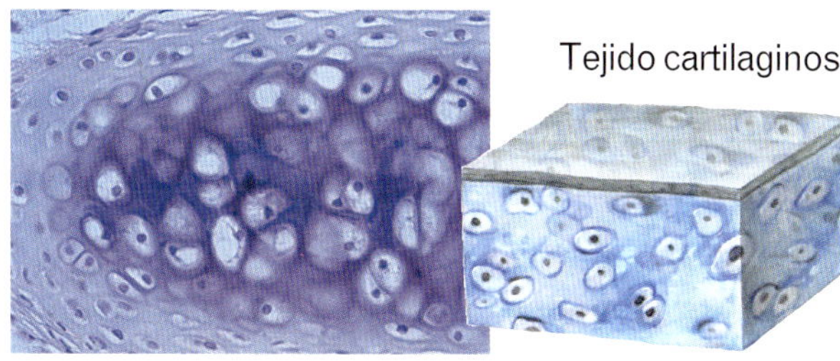
Tejido cartilaginoso

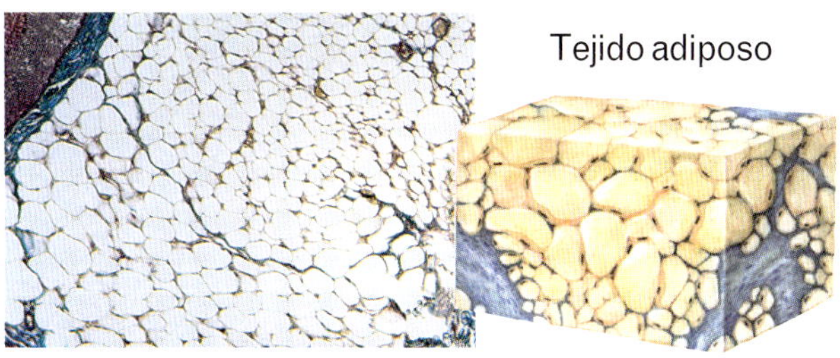
Tejido adiposo

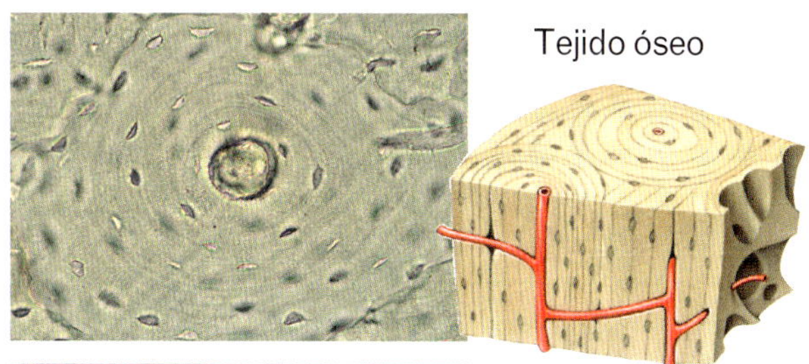
Tejido óseo

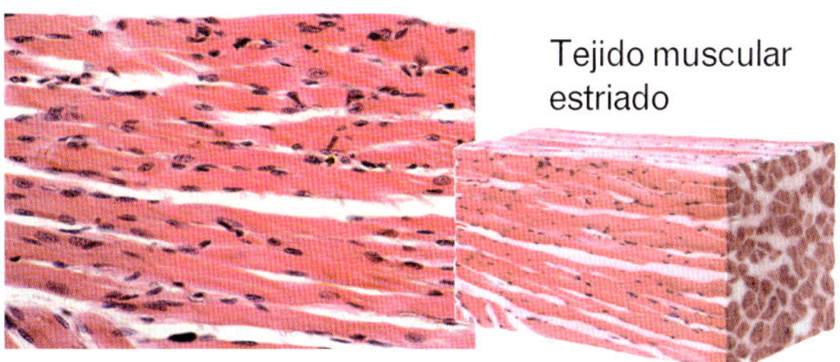
Tejido muscular estriado

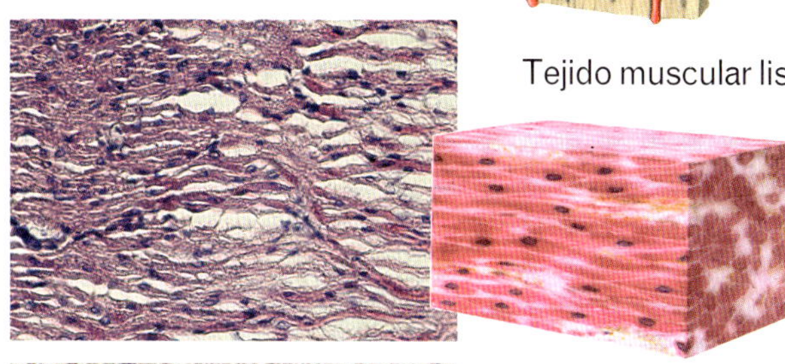
Tejido muscular liso

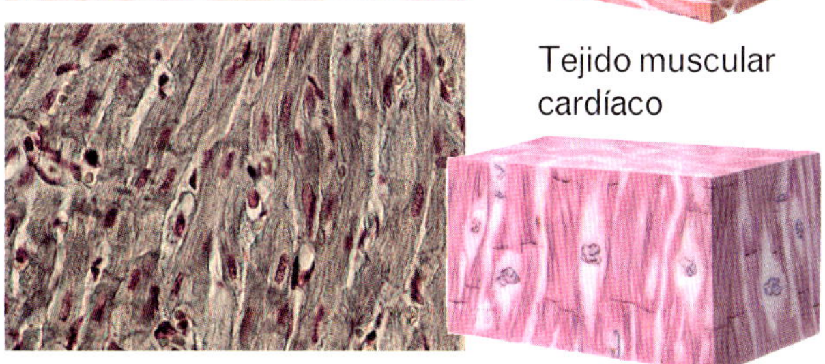
Tejido muscular cardíaco

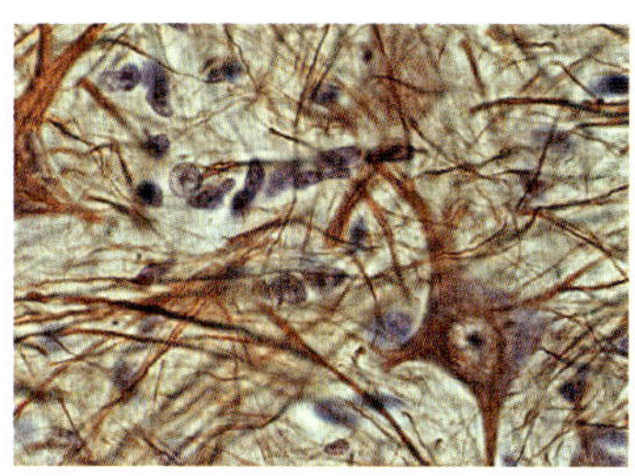
Tejido nervioso

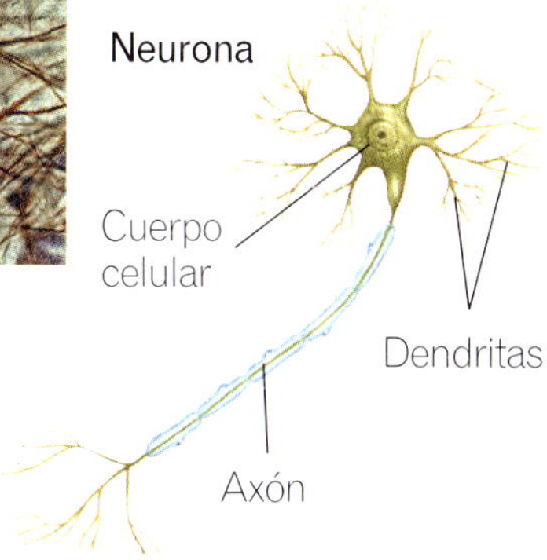

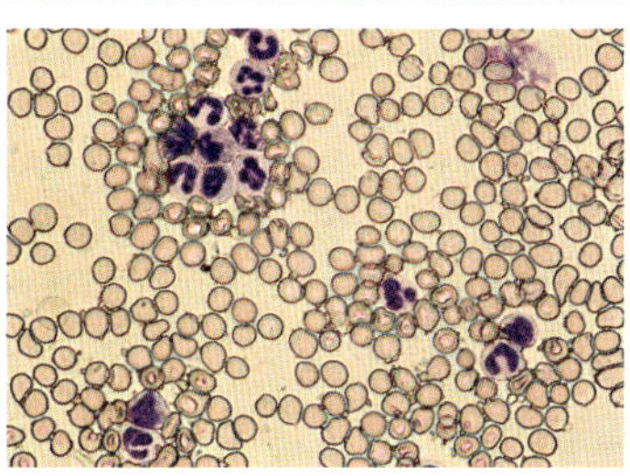
Sangre

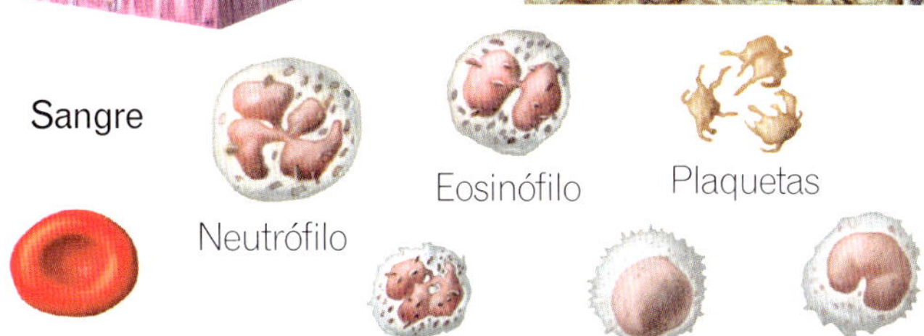

Aparato digestivo

Aparato digestivo y glándulas anejas

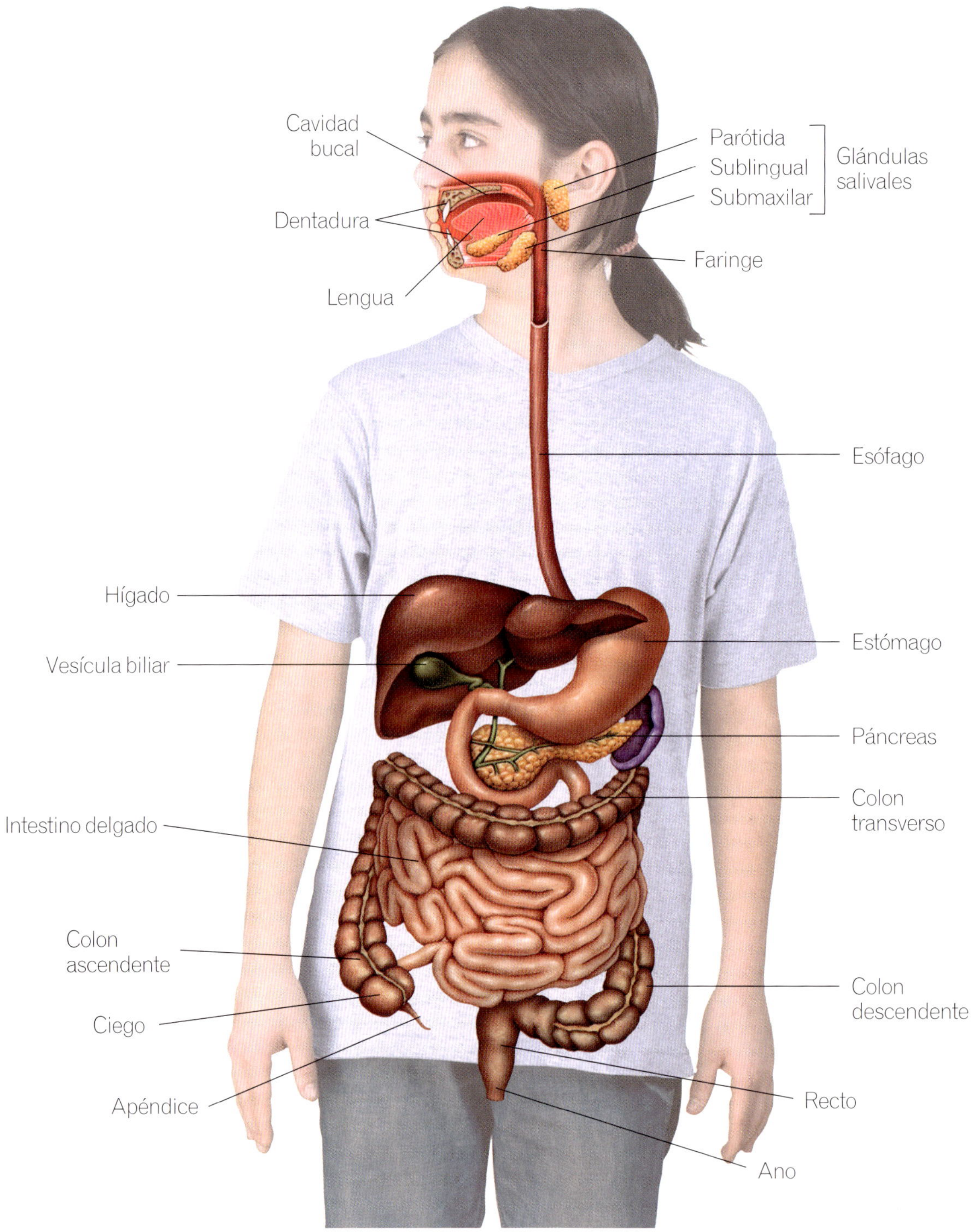

Aparato digestivo

Tiempos de permanencia de los alimentos y tamaño de cada órgano

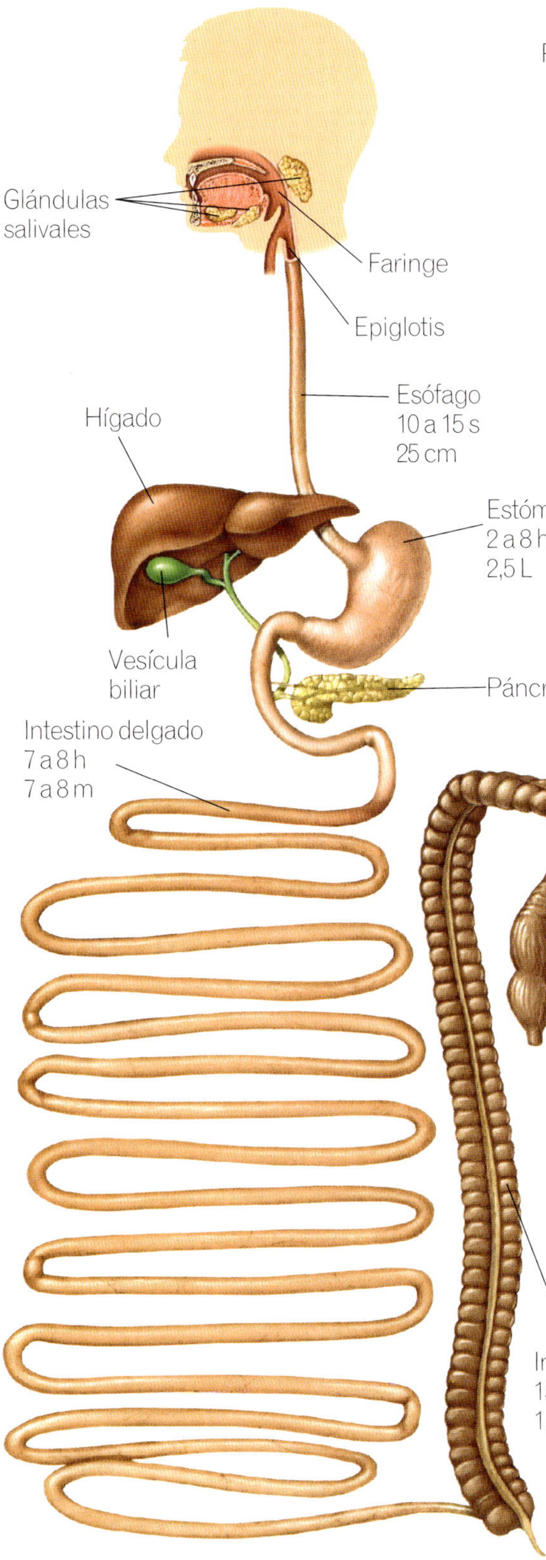

Dentadura infantil

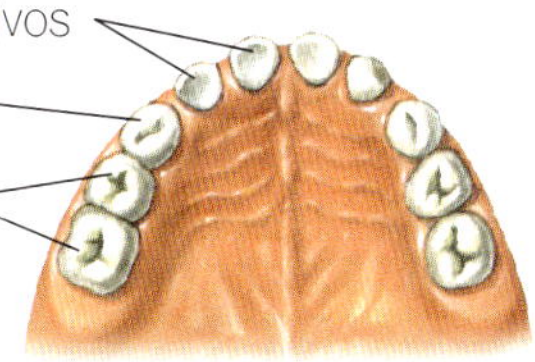

Dentadura adulta

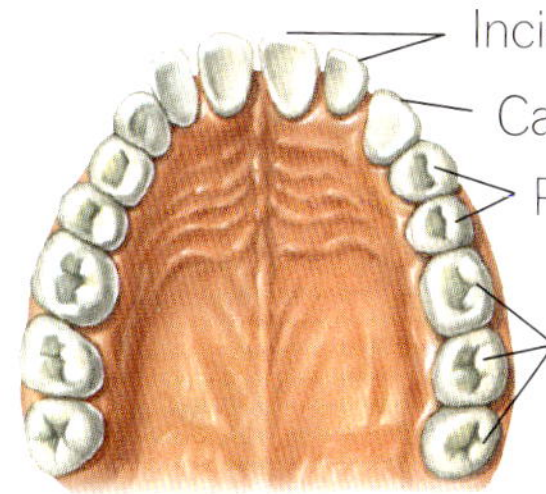

Piezas dentarias

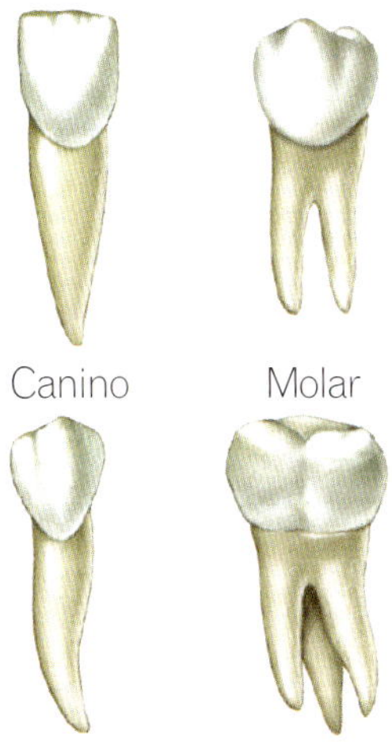

Diente

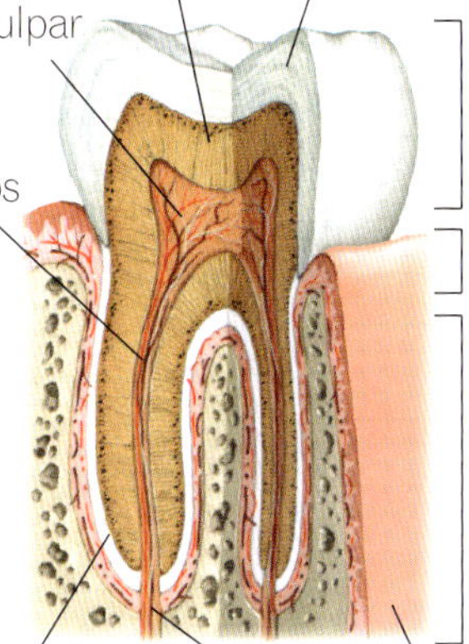

Superficie intestinal

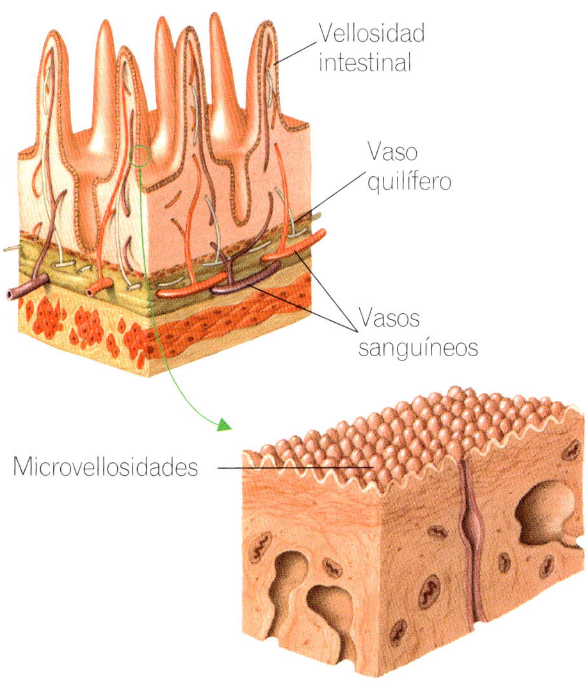

Aparato respiratorio

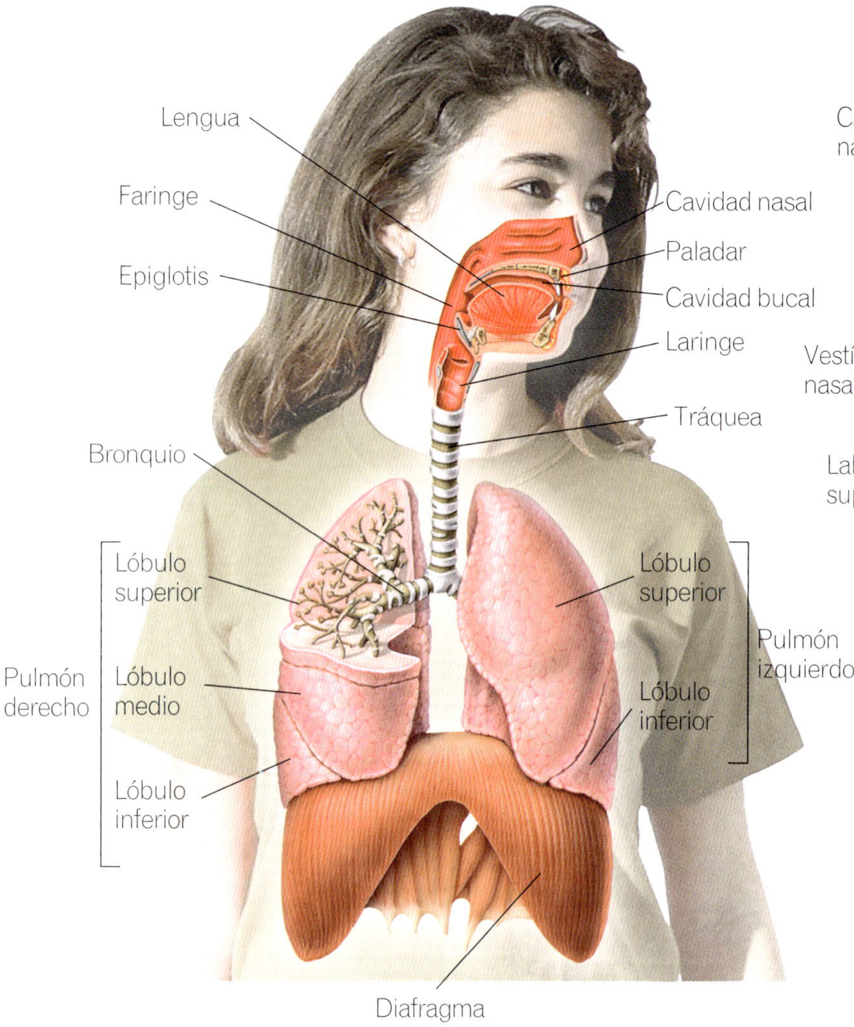

Cavidad nasal

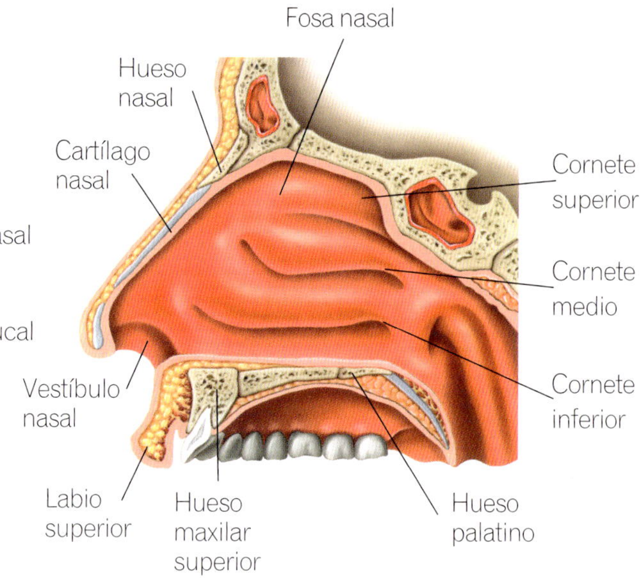

Tráquea

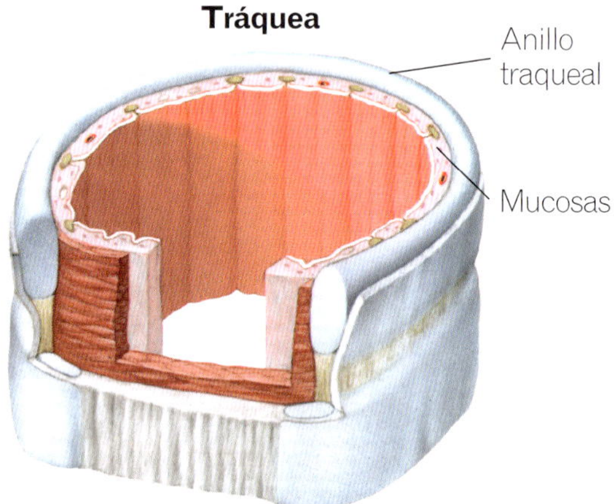

Vesícula pulmonar

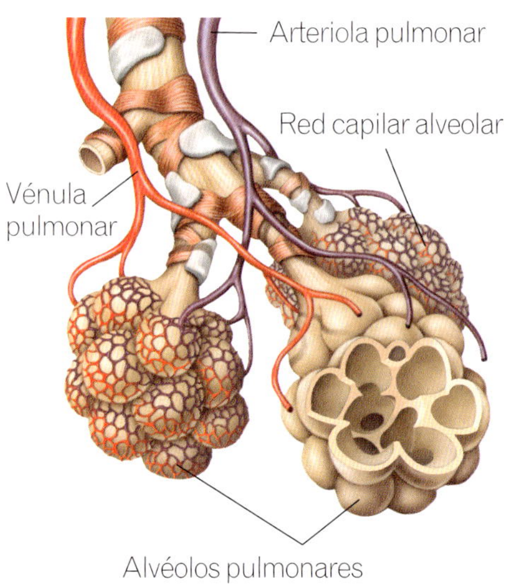

Alvéolo

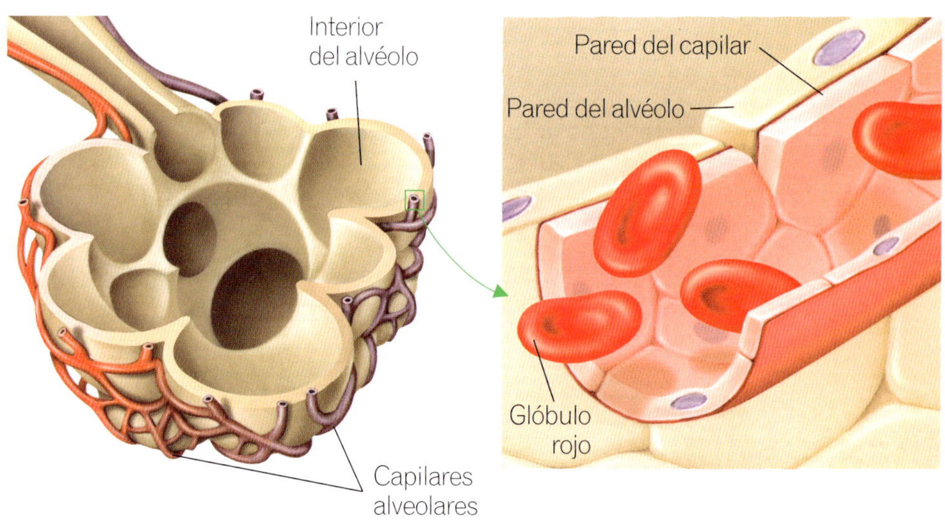

Aparato excretor

Aparato urinario

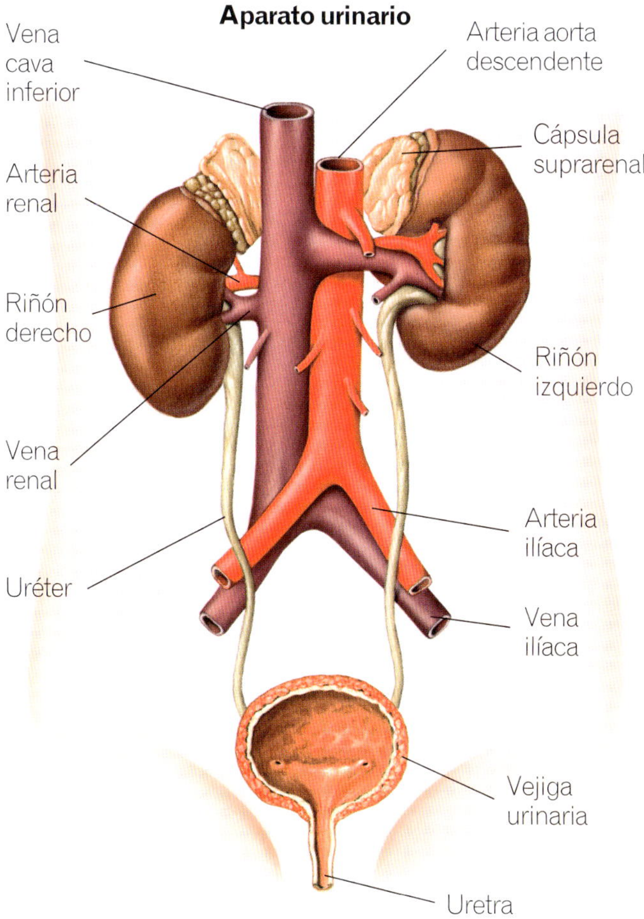

Riñón

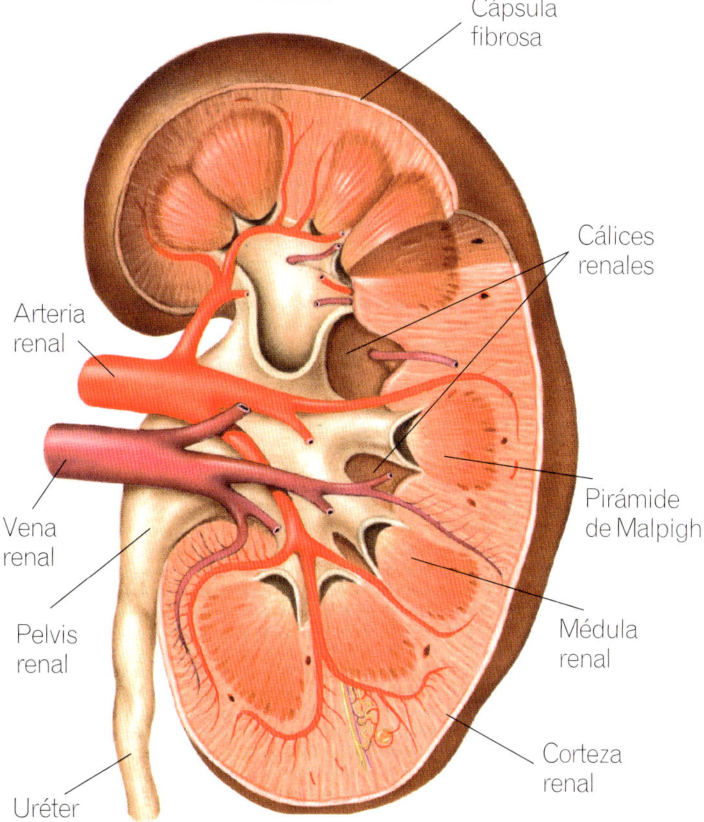

Nefrona

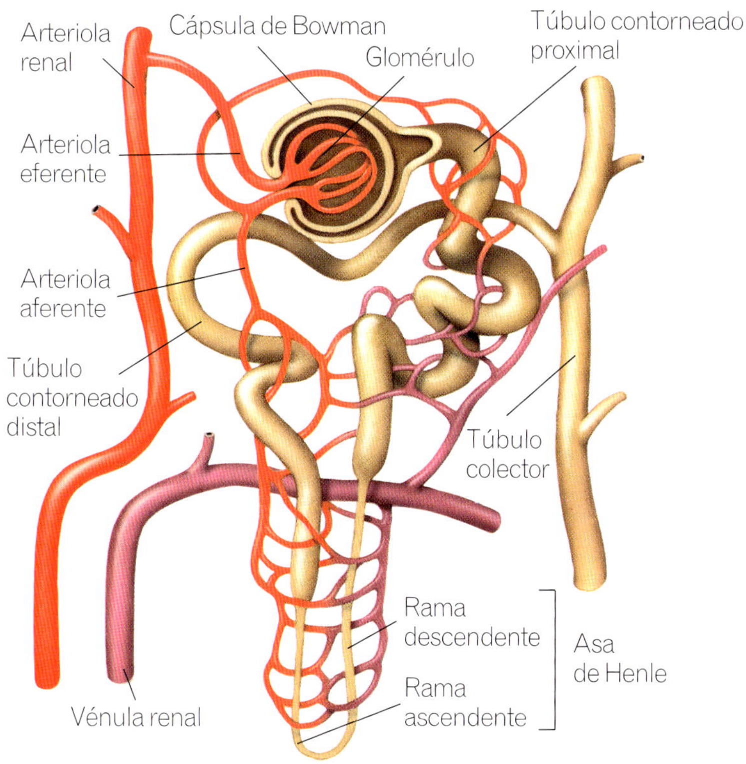

Formación de la orina

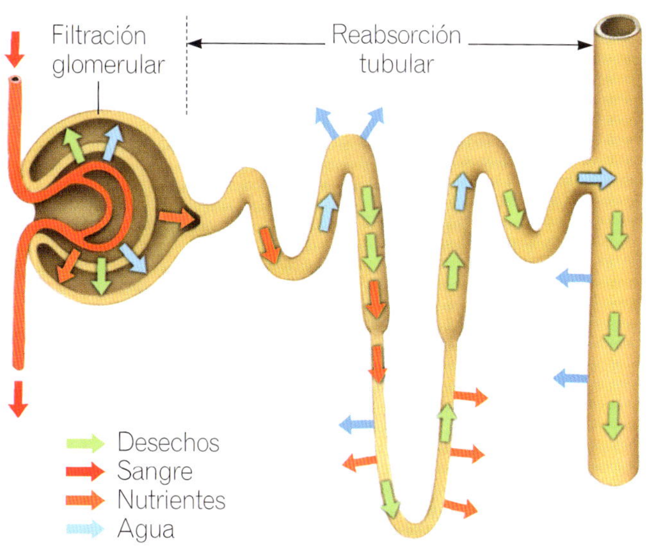

Aparato circulatorio

SISTEMA ARTERIAL Y VENOSO

Venas **Arterias**

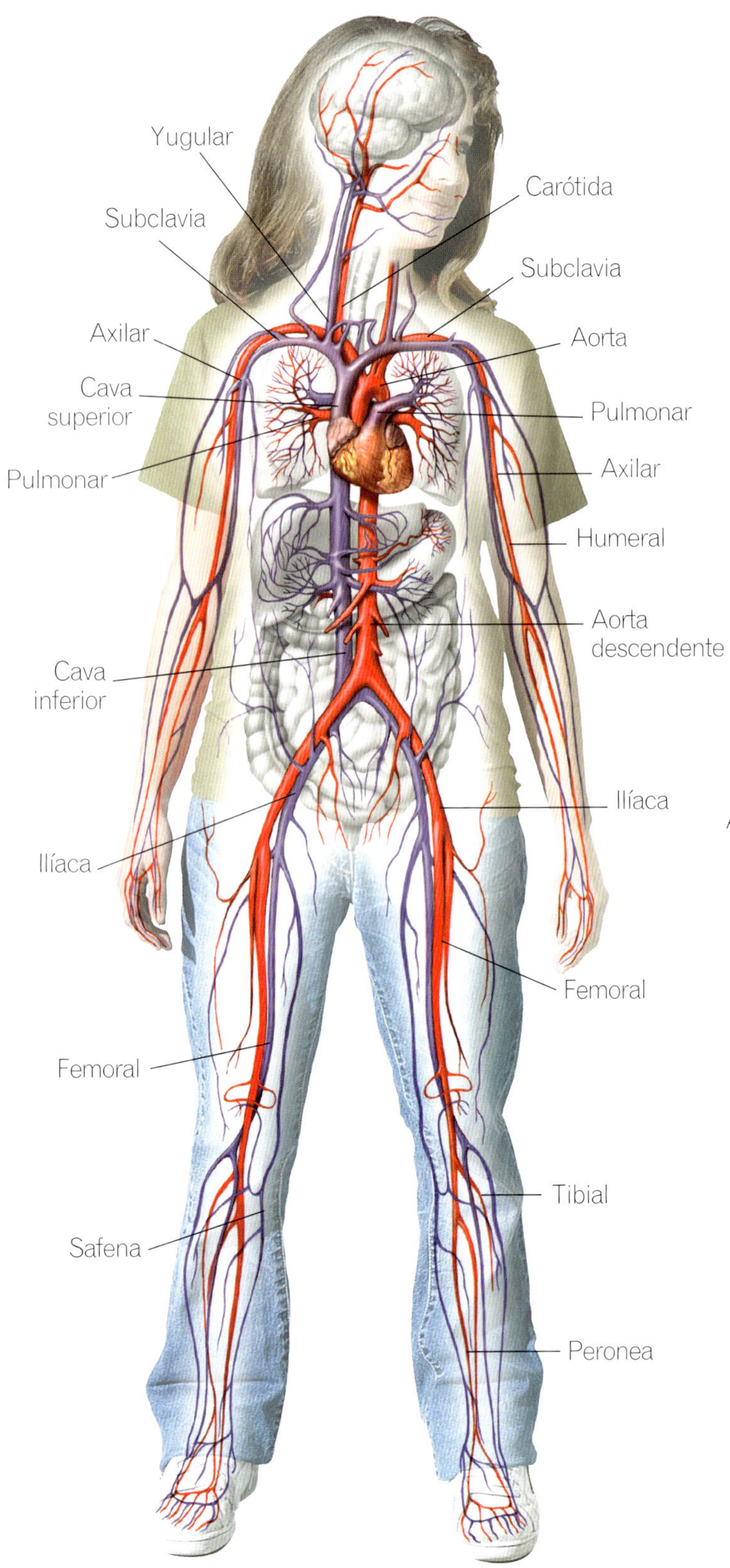

SISTEMA LINFÁTICO

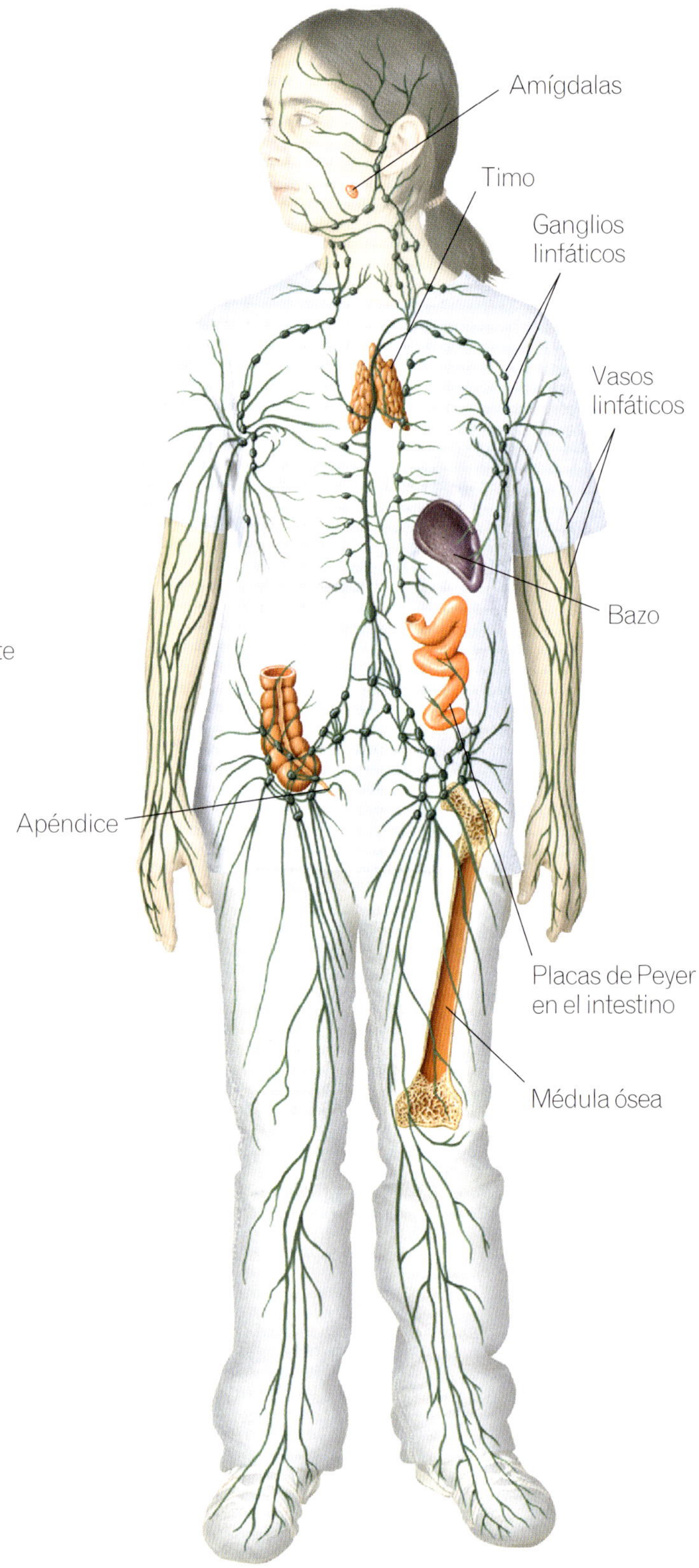

Aparato circulatorio

Corazón

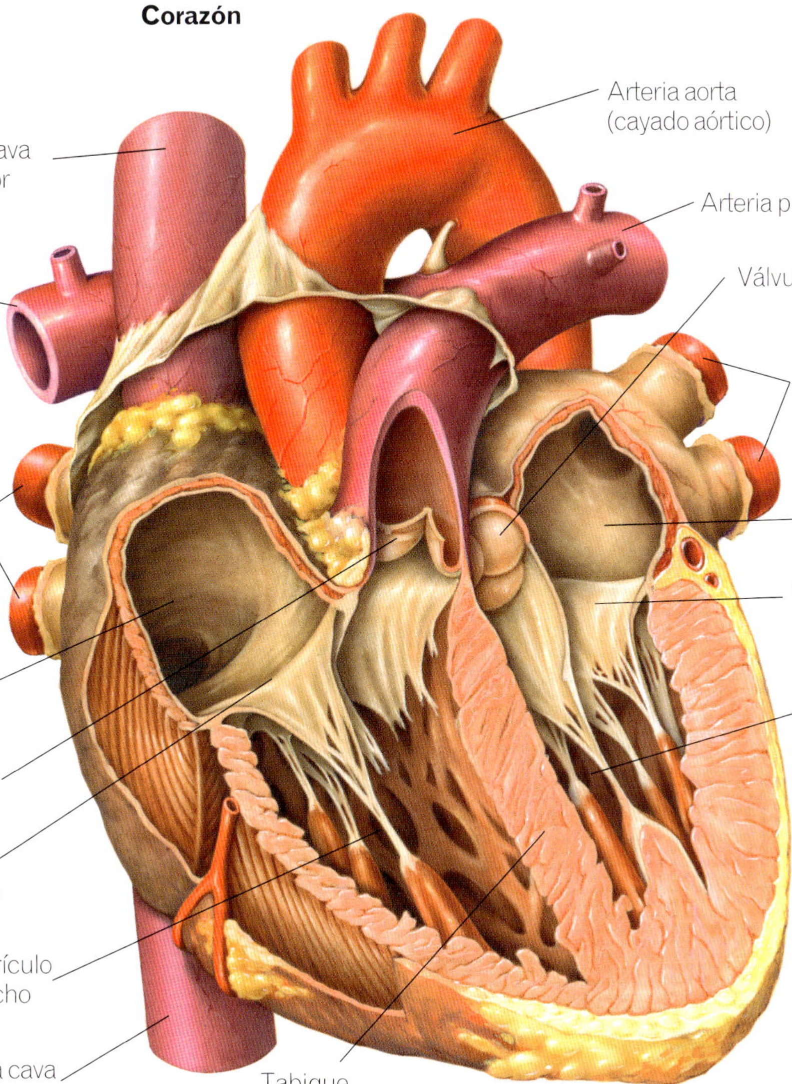

Válvulas sigmoideas

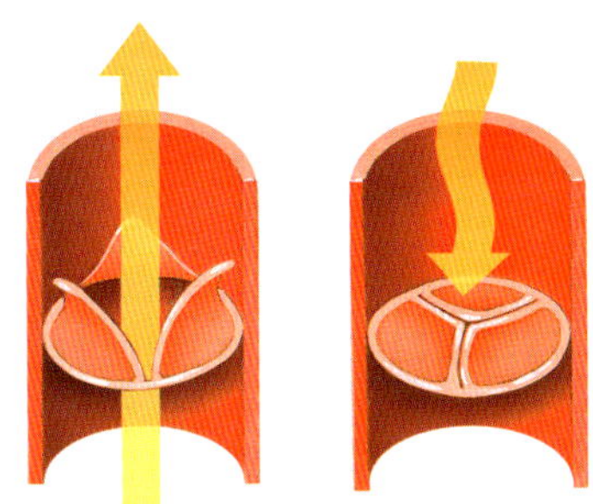

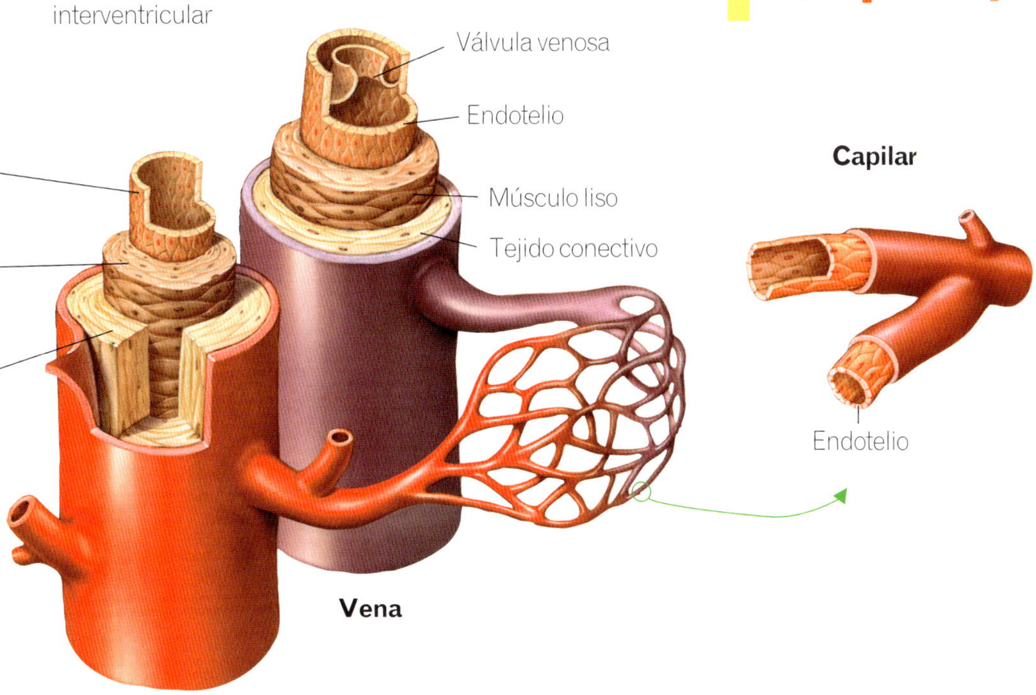

Órganos de los sentidos

Globo ocular

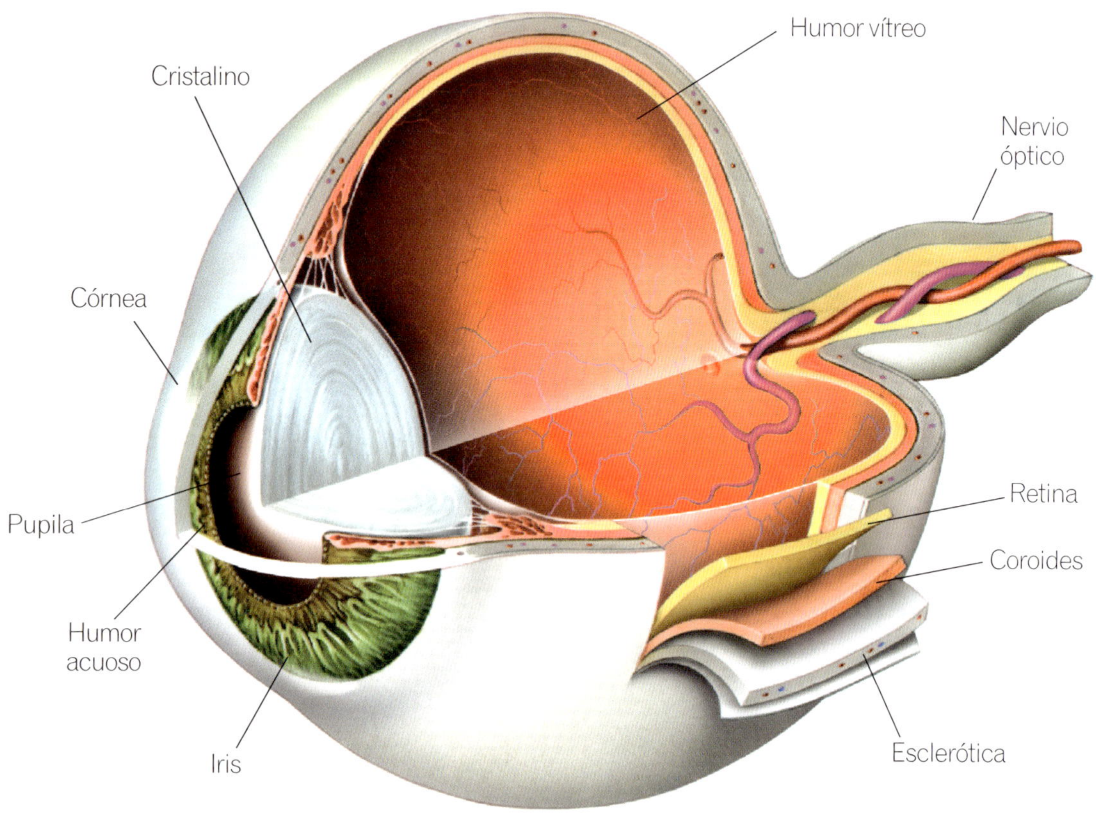

Órganos anejos

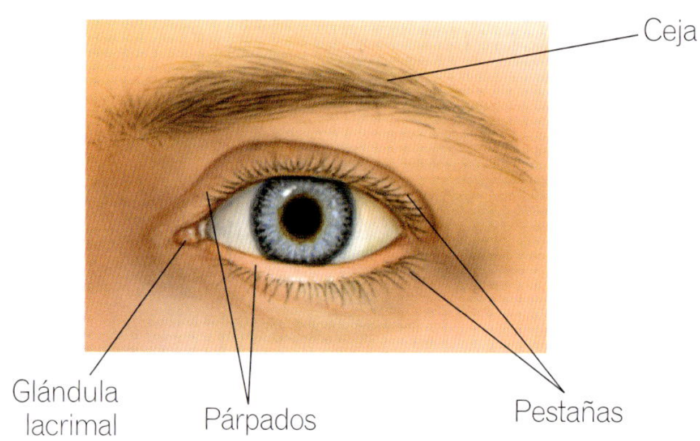

Órganos de los sentidos

Órgano olfatorio

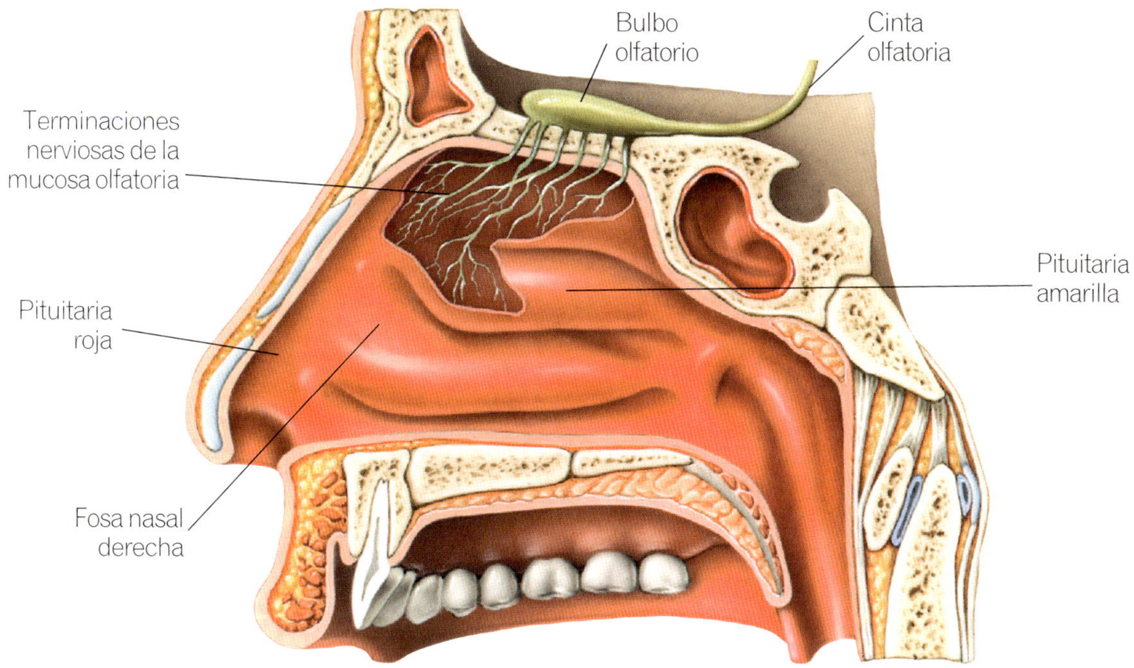

Superficie de la lengua

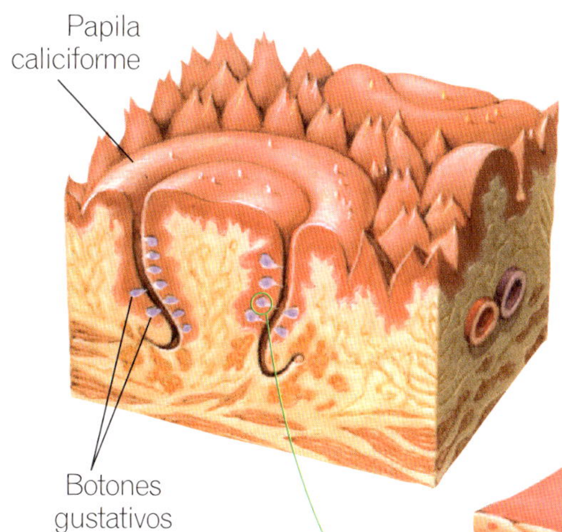

Órgano gustativo

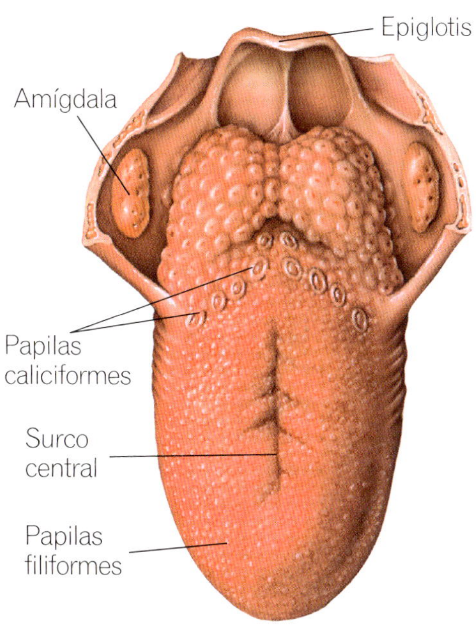

Botón gustativo

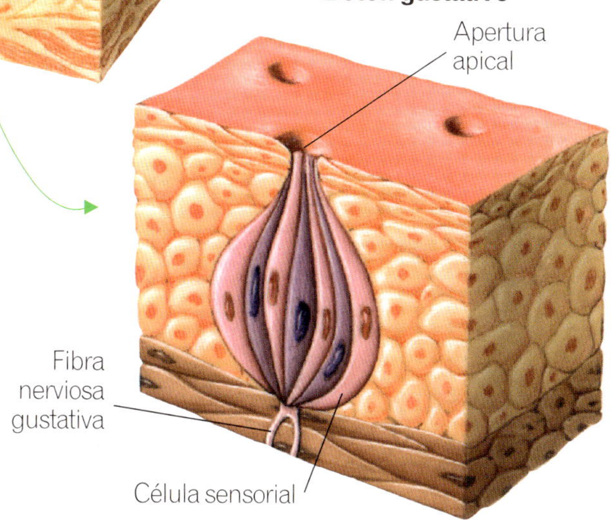

Órganos de los sentidos

Órgano auditivo

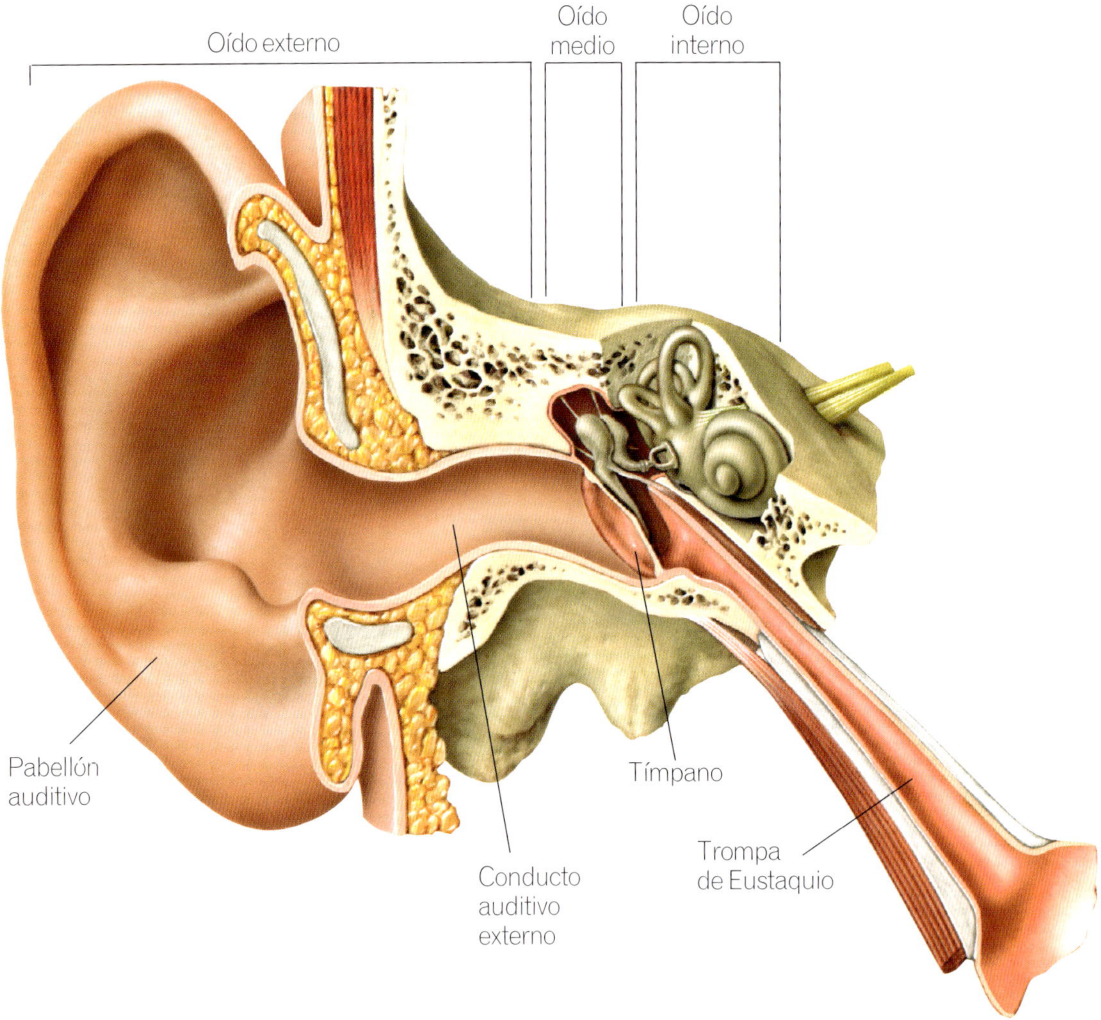

Oído interno

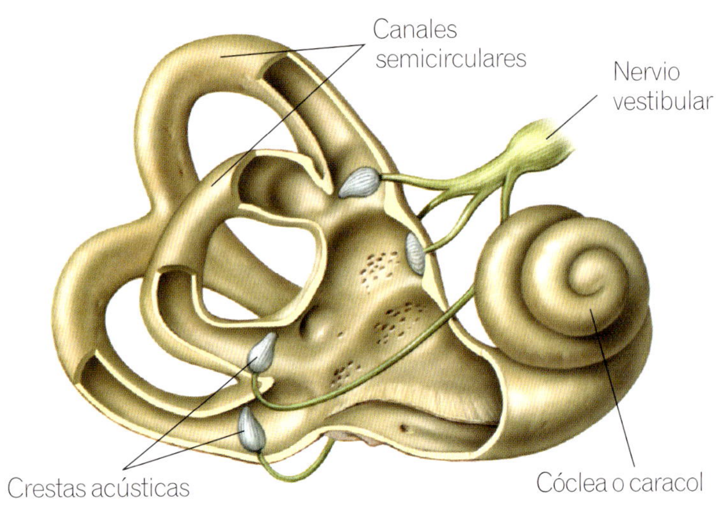

Oído medio

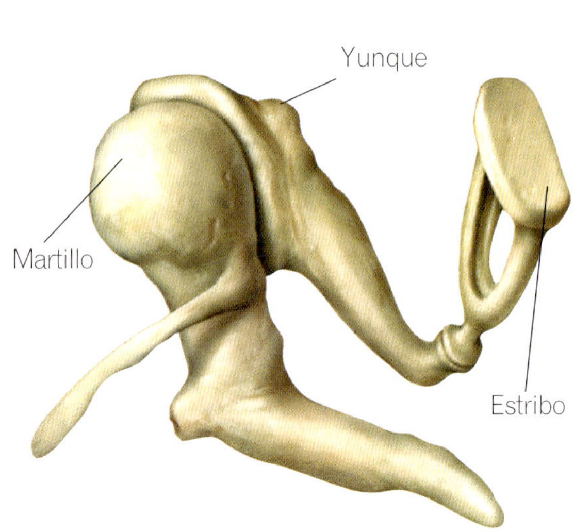

Órganos de los sentidos

Órgano del tacto

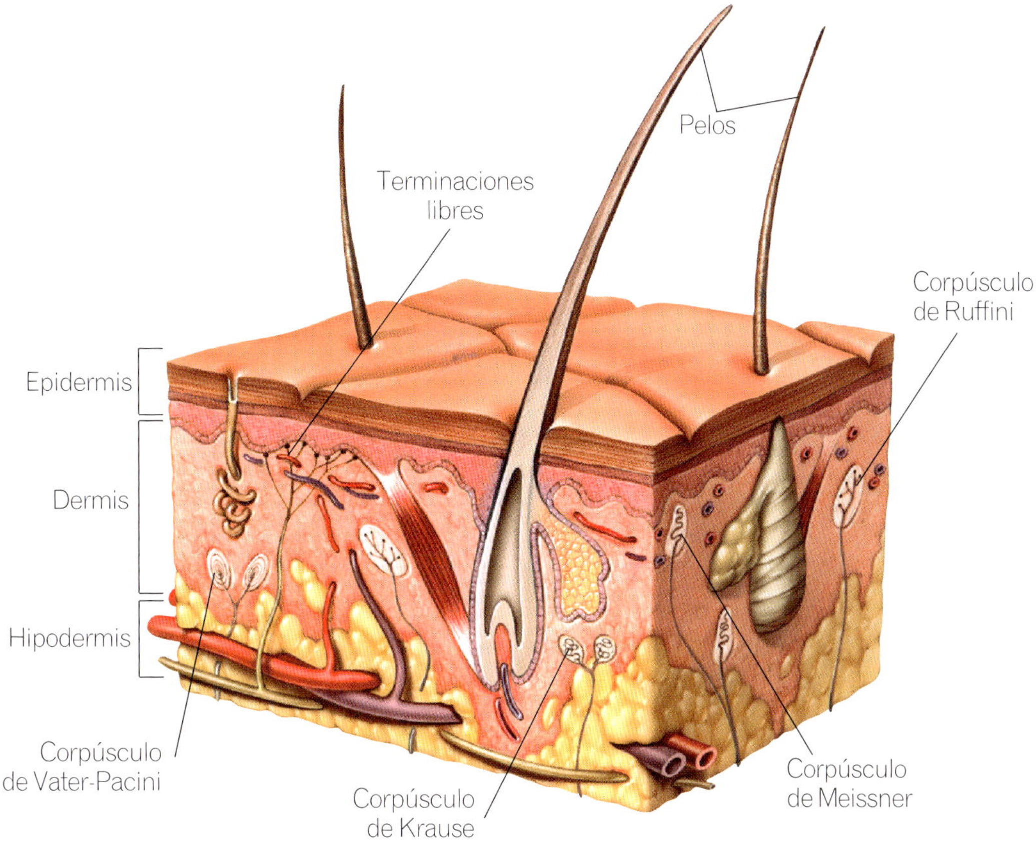

Terminaciones libres

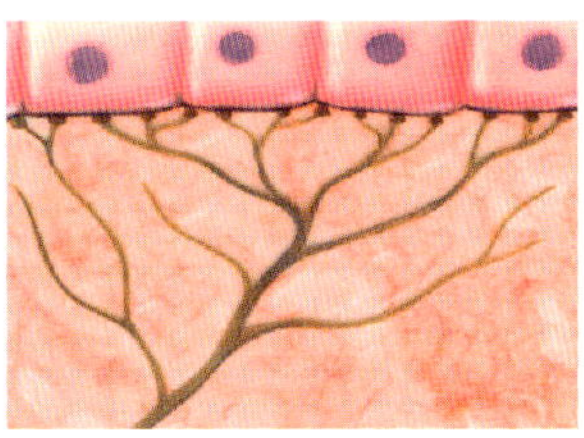

Corpúsculo de Vater-Pacini

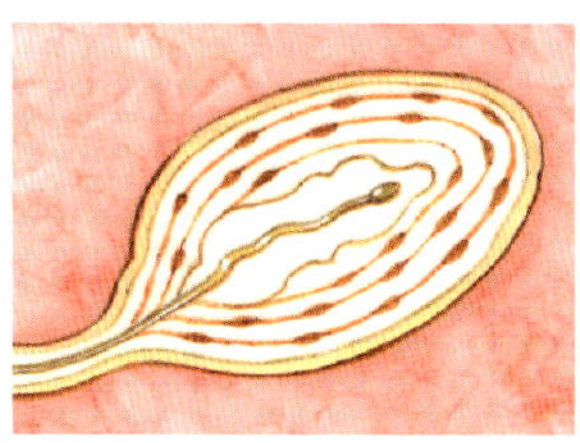

Corpúsculo de Krause

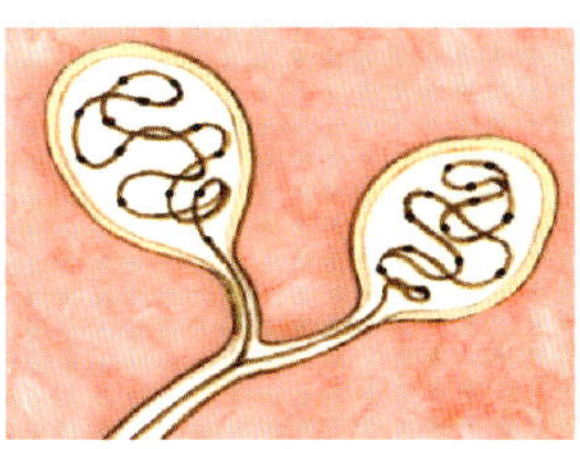

Corpúsculo de Meissner

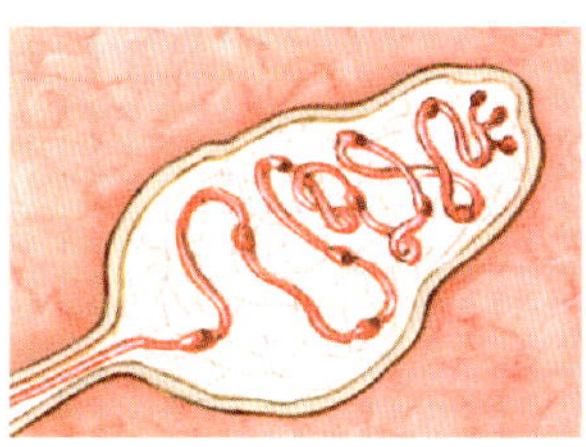

Corpúsculo de Ruffini

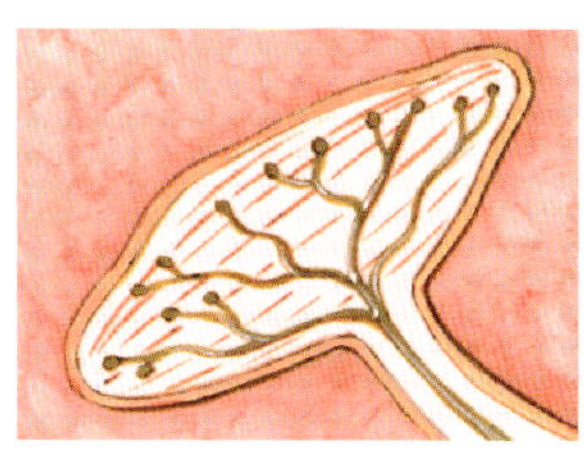

Sistema nervioso

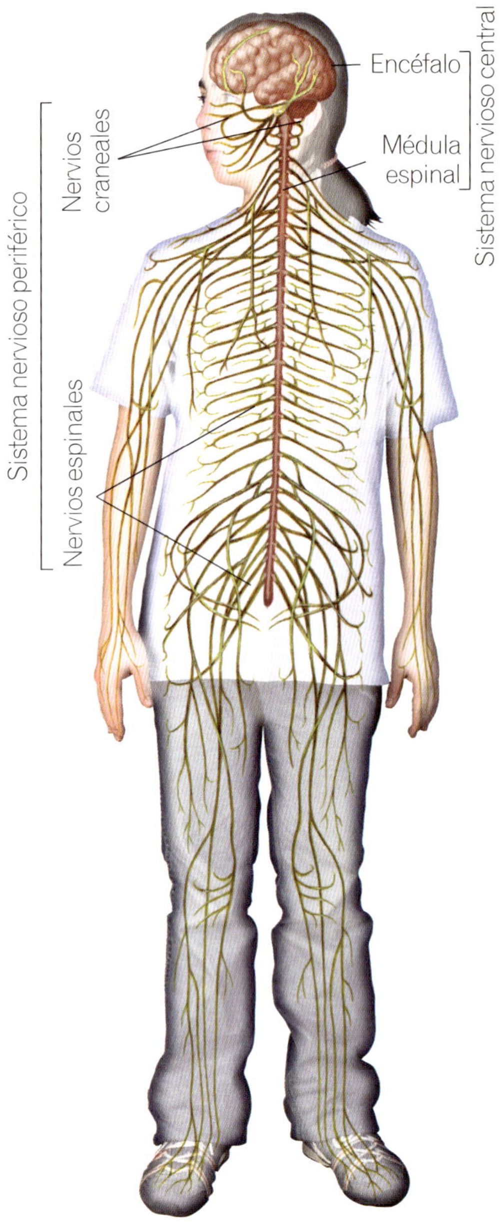

Sistema parasimpático | **Sistema simpático**

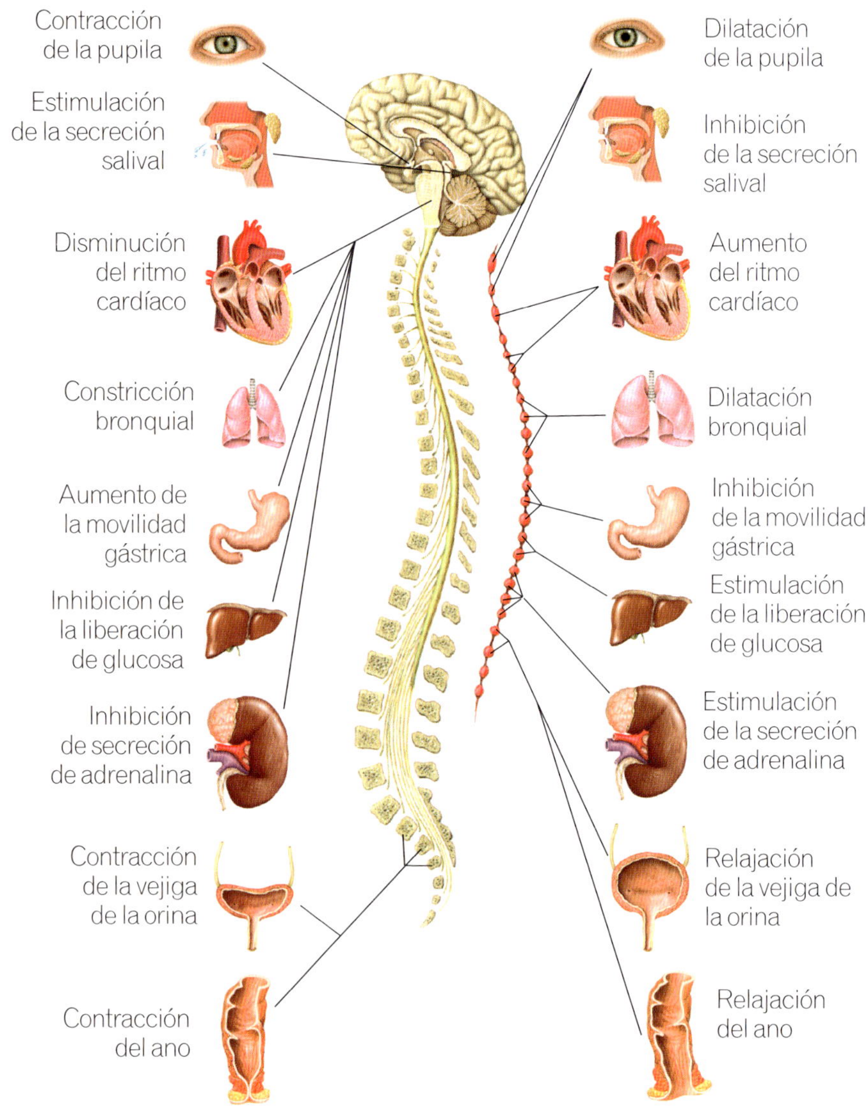

Encéfalo

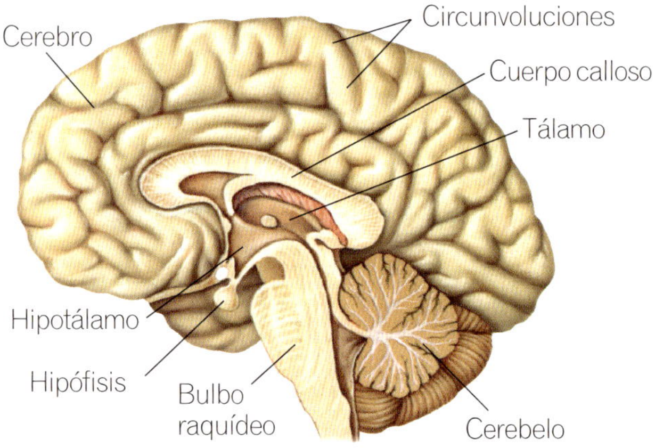

Médula espinal

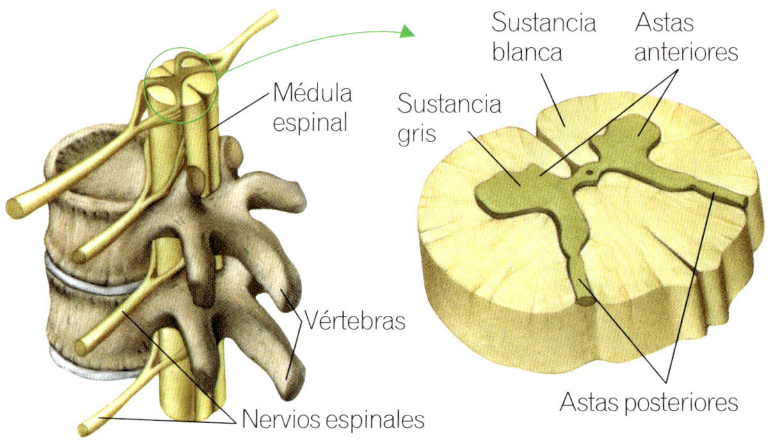

Sistema endocrino

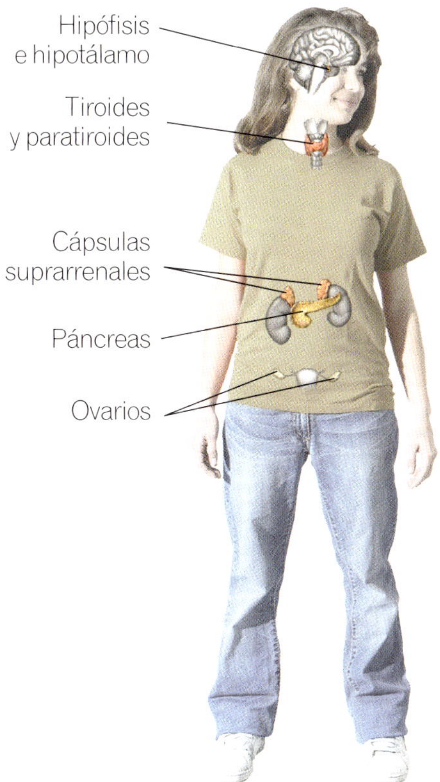

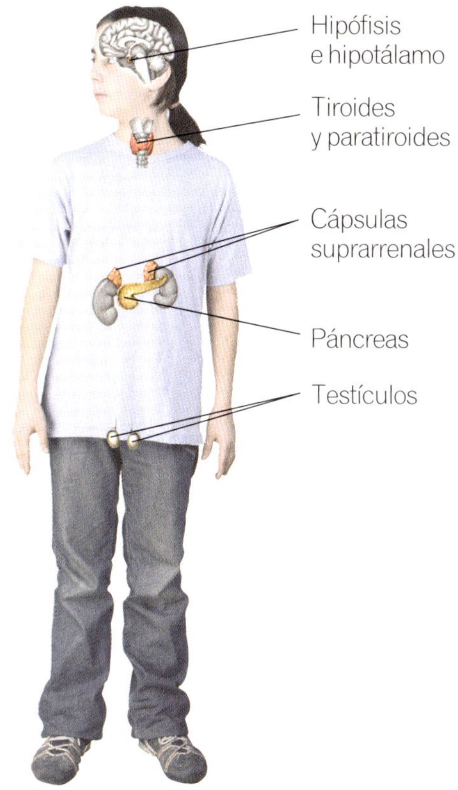

Hipófisis e hipotálamo

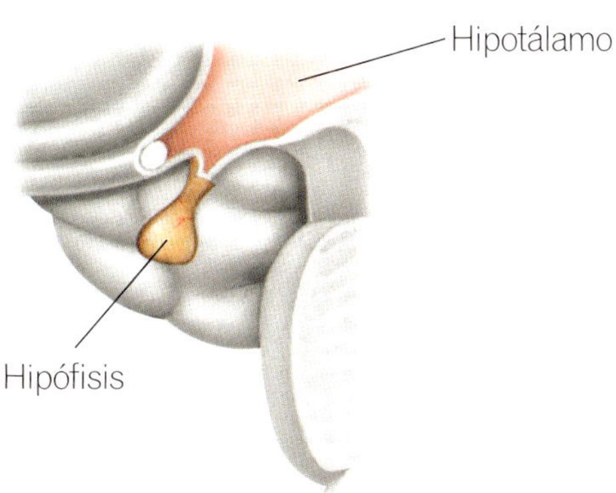

Tiroides y paratiroides

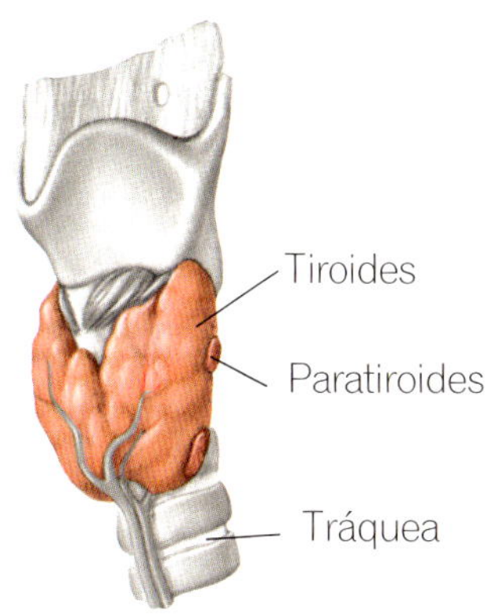

Cápsulas suprarrenales

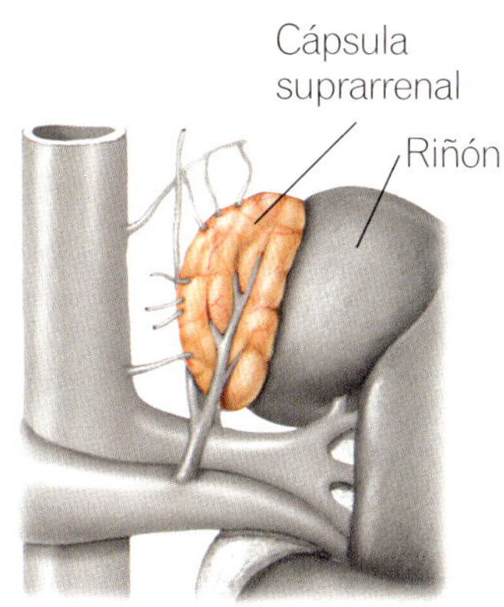

Ovarios

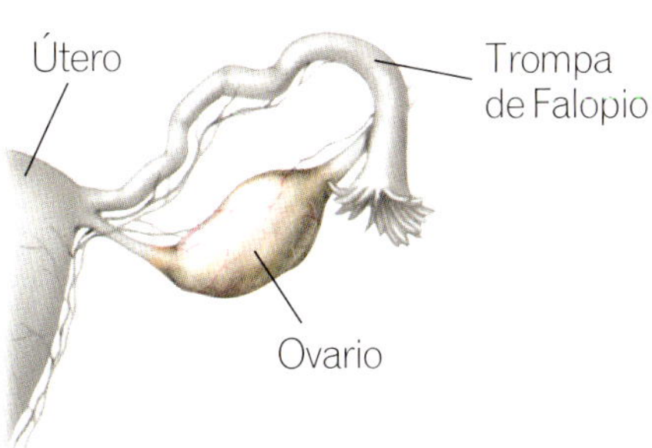

Páncreas

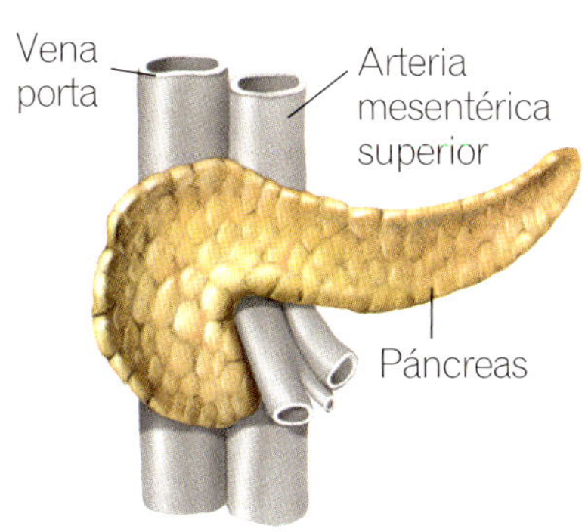

Testículos

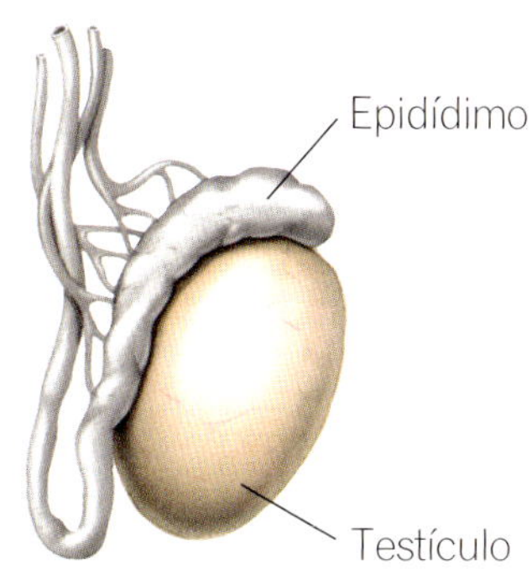

Sistema muscular

MÚSCULOS EXTERNOS **Vista dorsal** **MÚSCULOS INTERNOS**

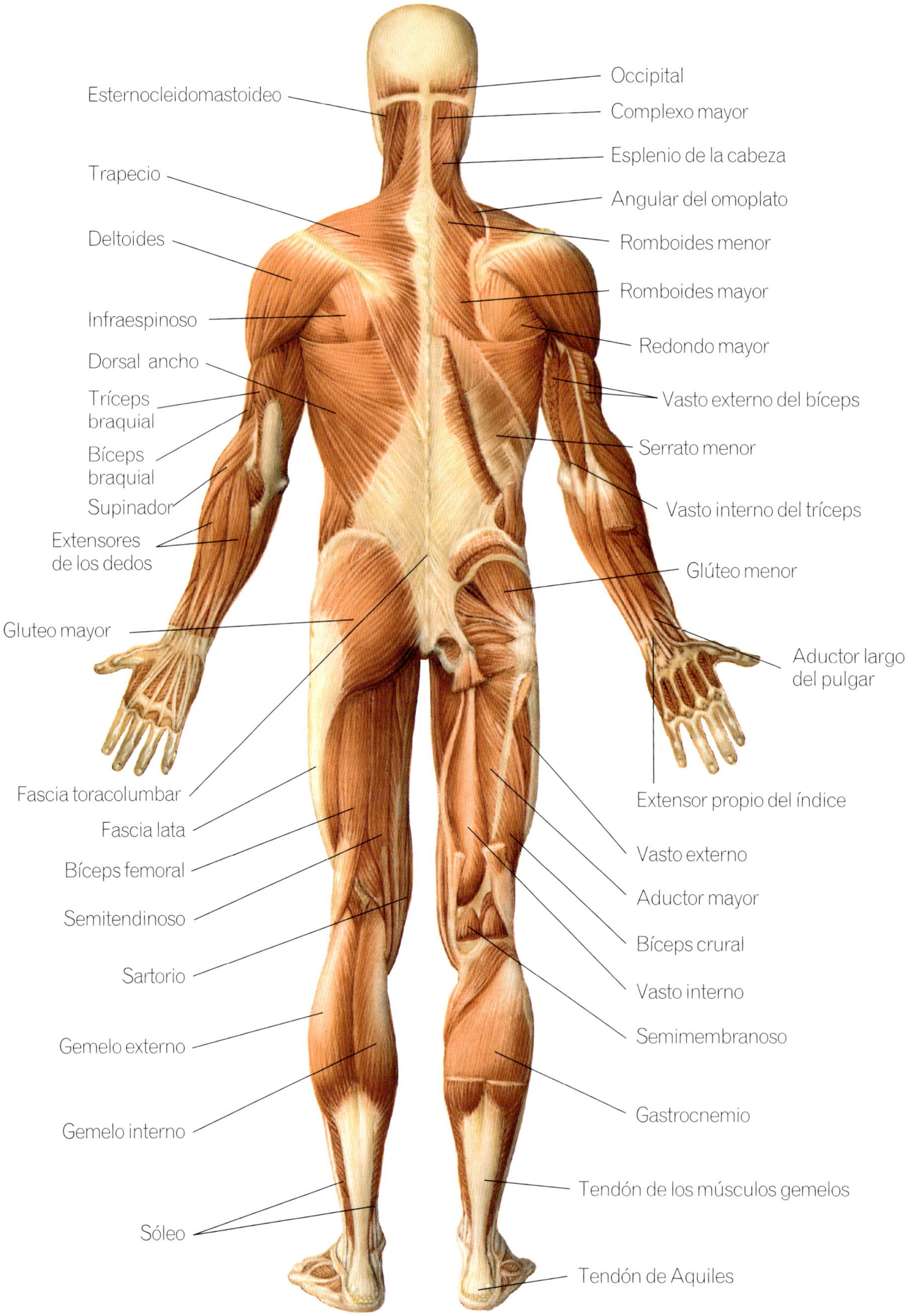

Sistema muscular

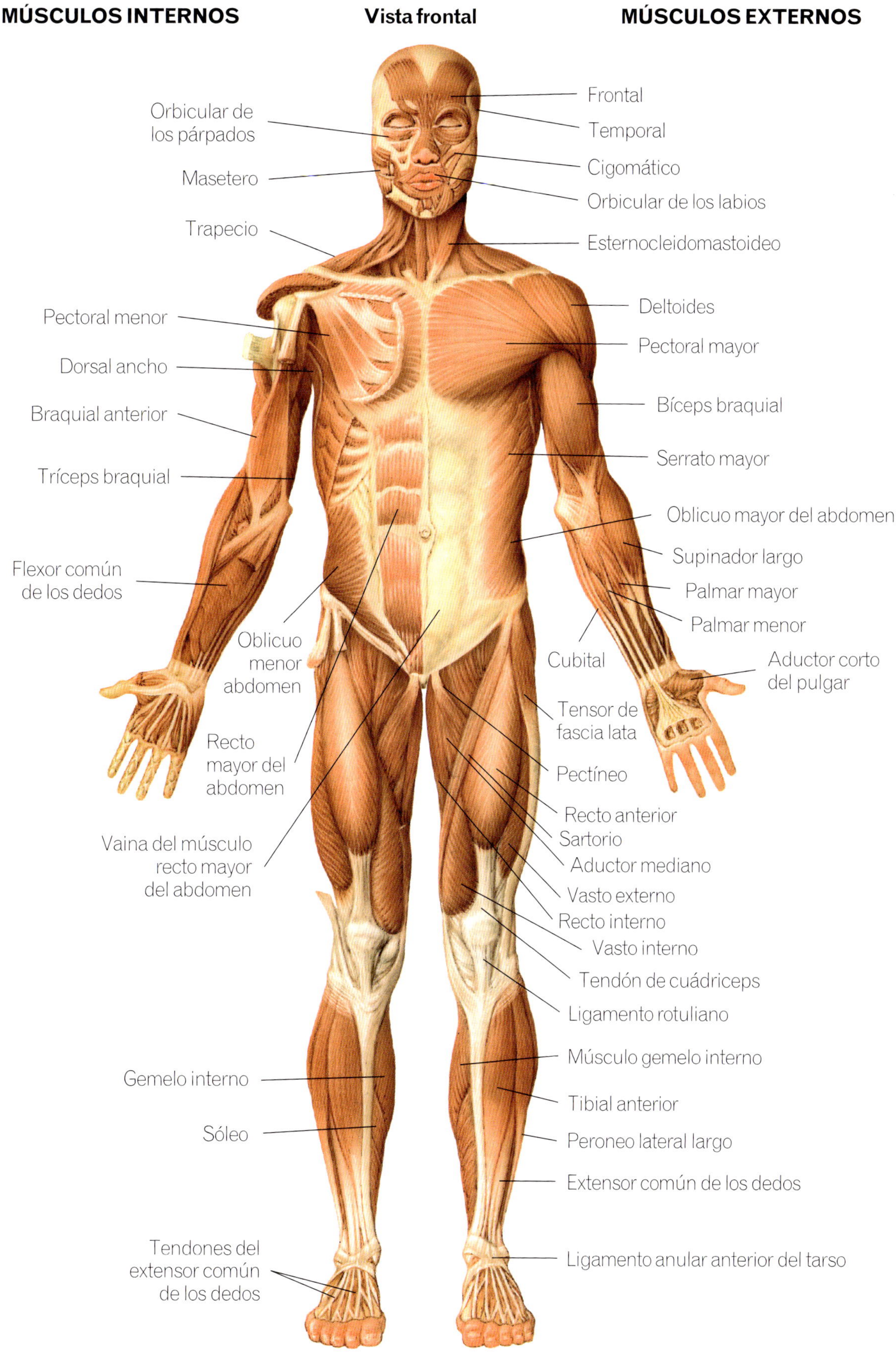

Sistema esquelético

Vista anterior / **Vista lateral izquierda**

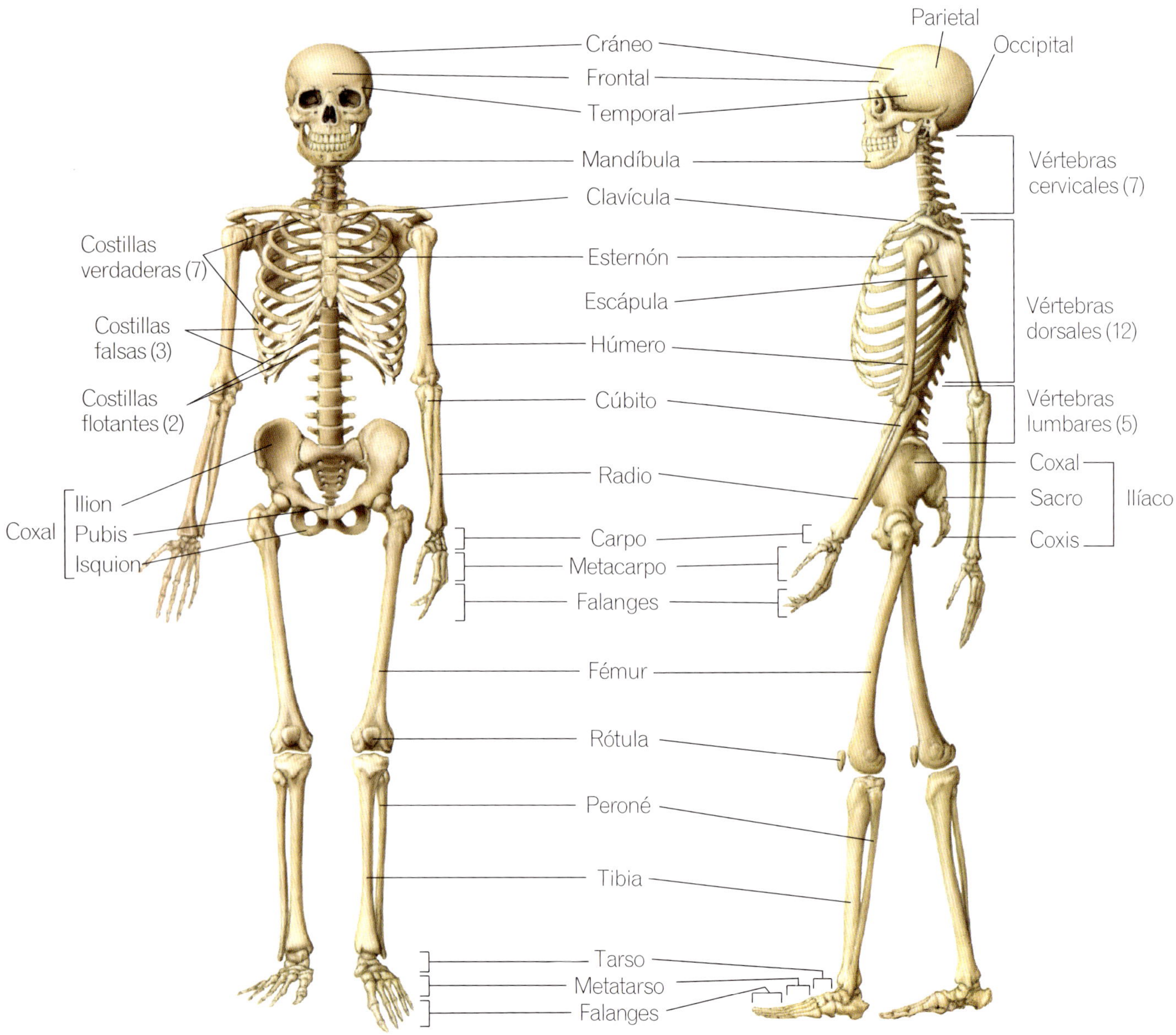

Carpo y metacarpo

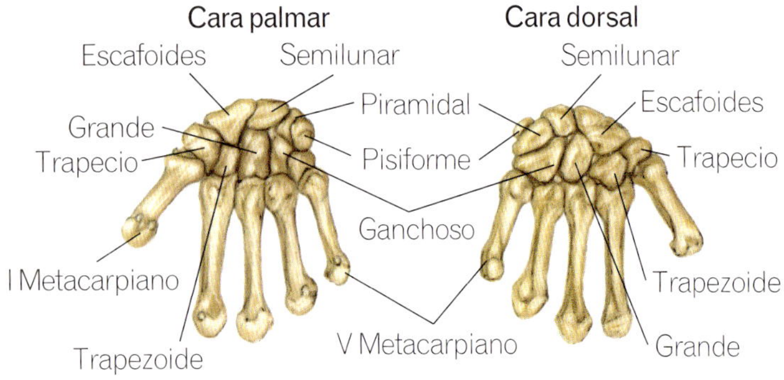

Tarso y metatarso

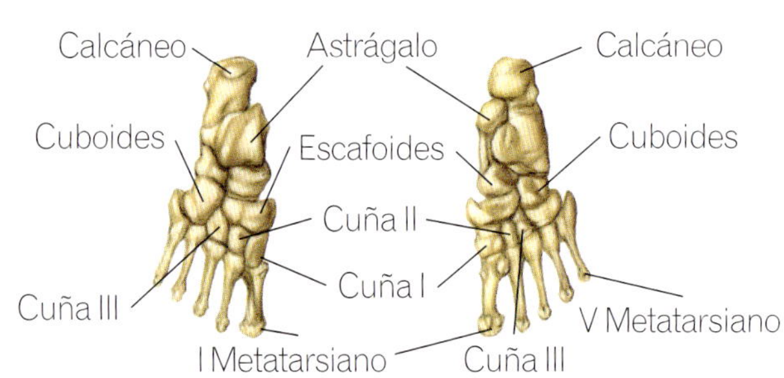

Sistema esquelético

Cráneo (corte longitudinal)

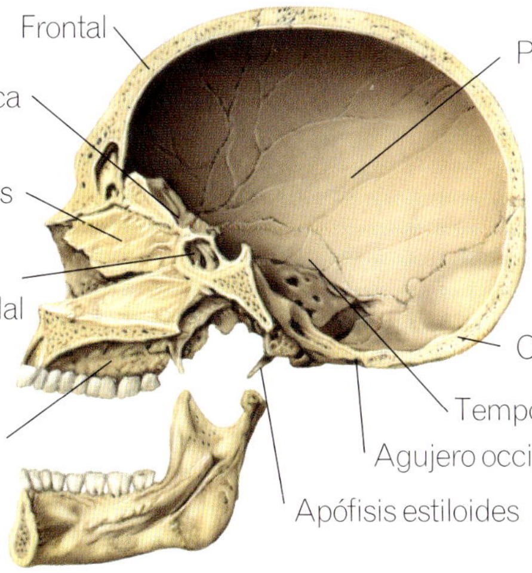

Cráneo (vista inferior)

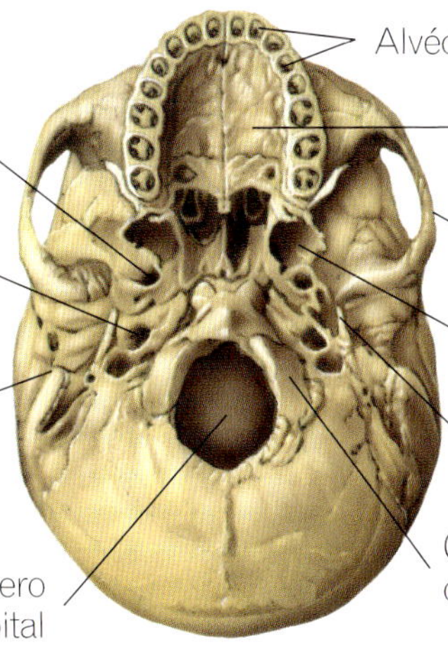

Columna vertebral

Vista frontal **Vista lateral**

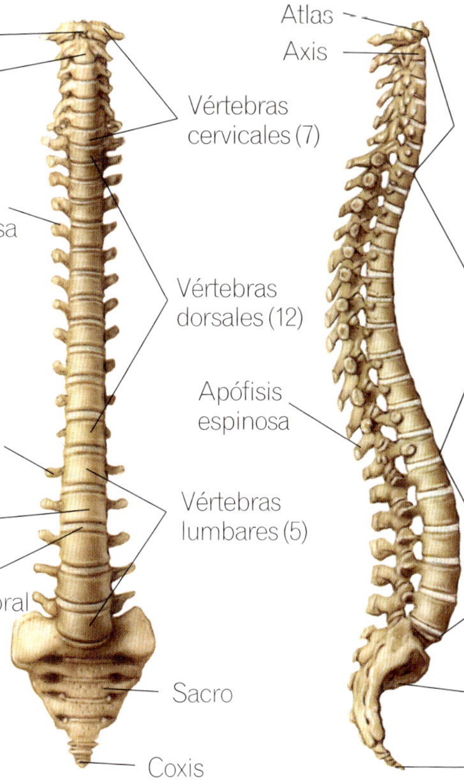

Articulación del hombro

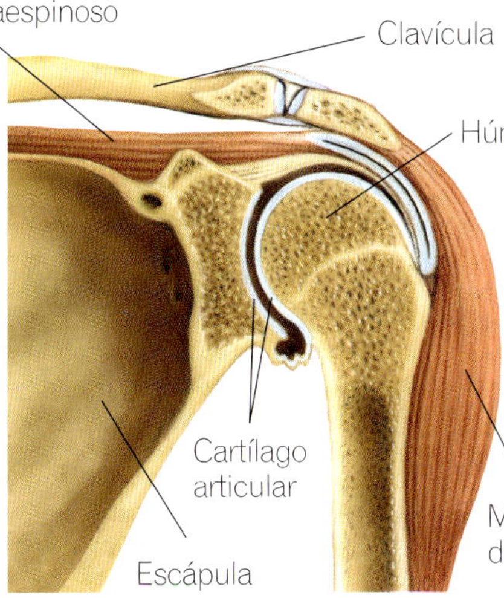

Articulación de la cadera

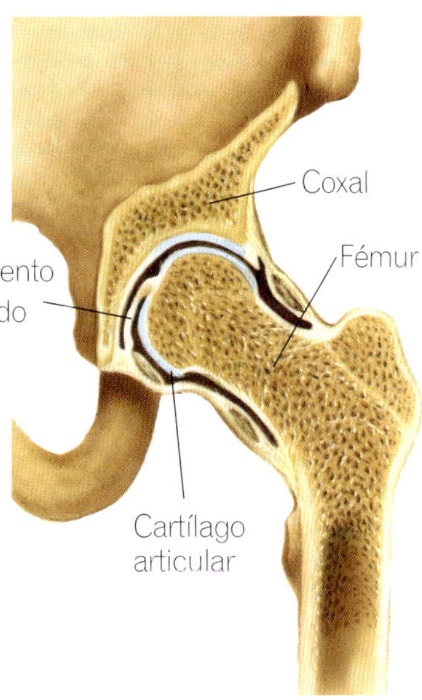

Articulación de la rodilla

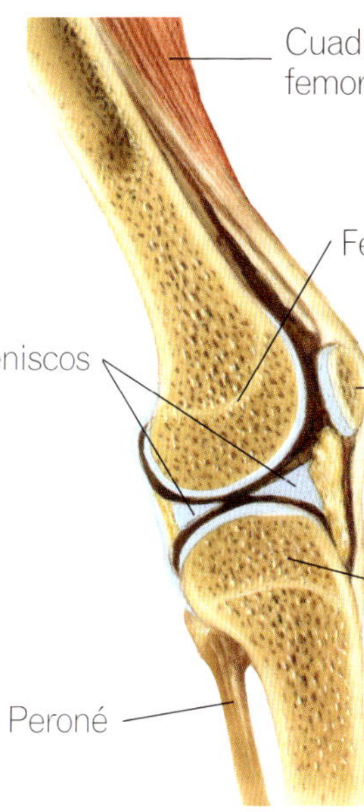

Aparato genital masculino

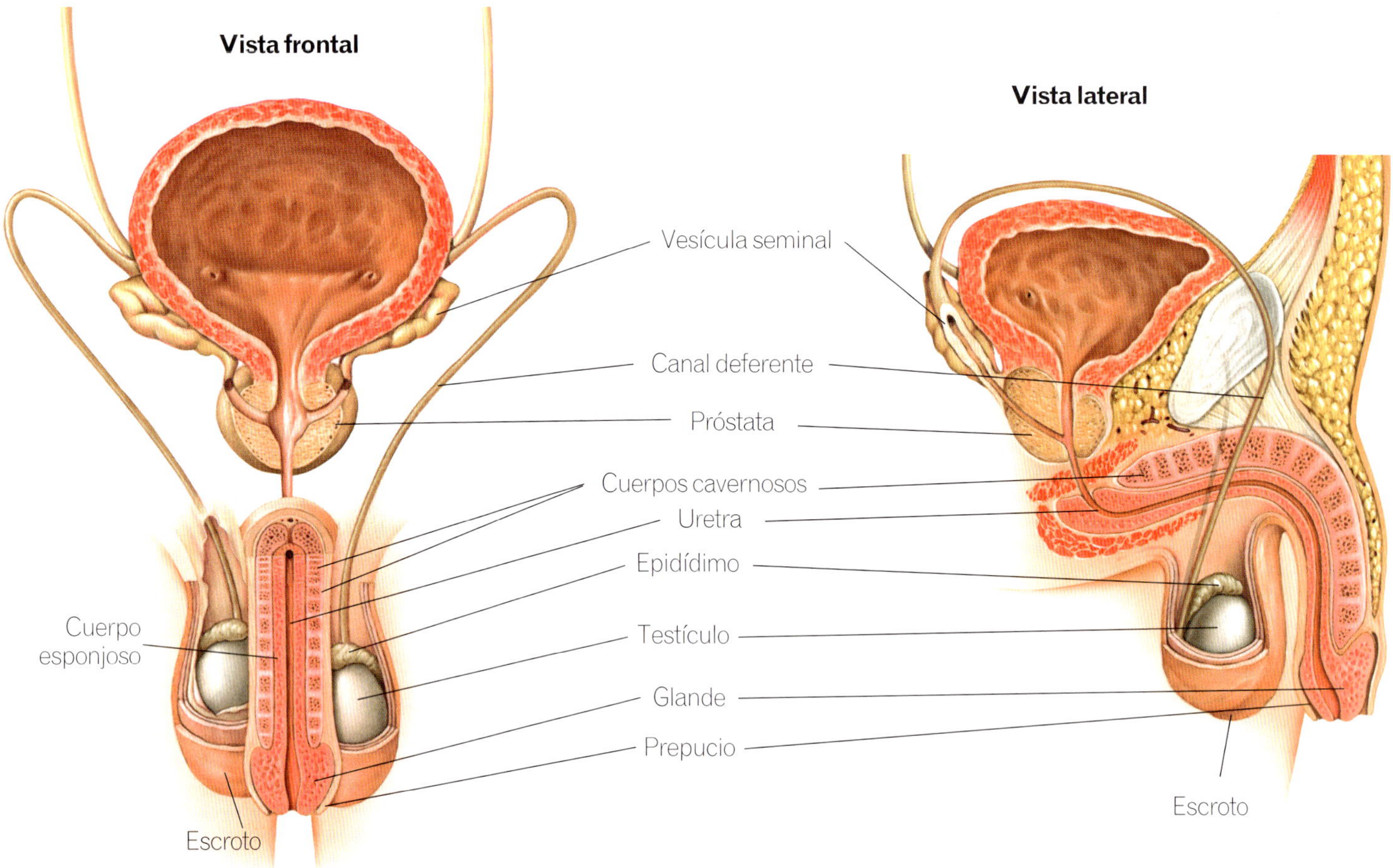

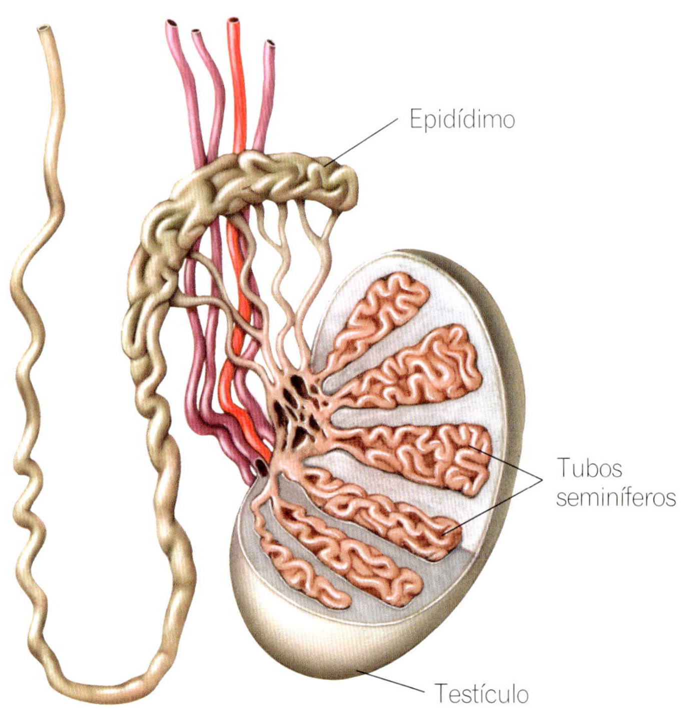

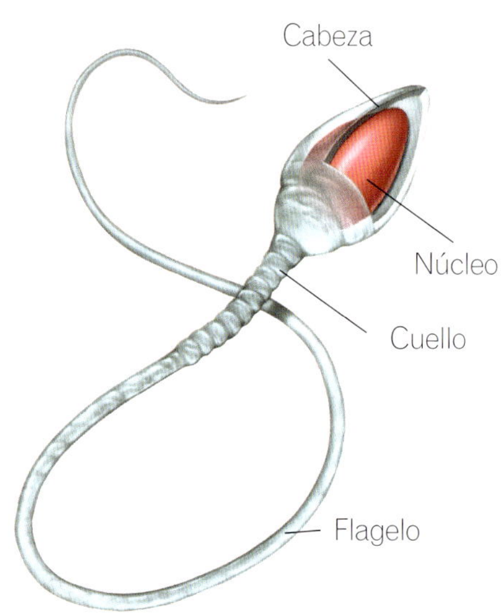

Aparato genital femenino

Vista frontal **Vista lateral**

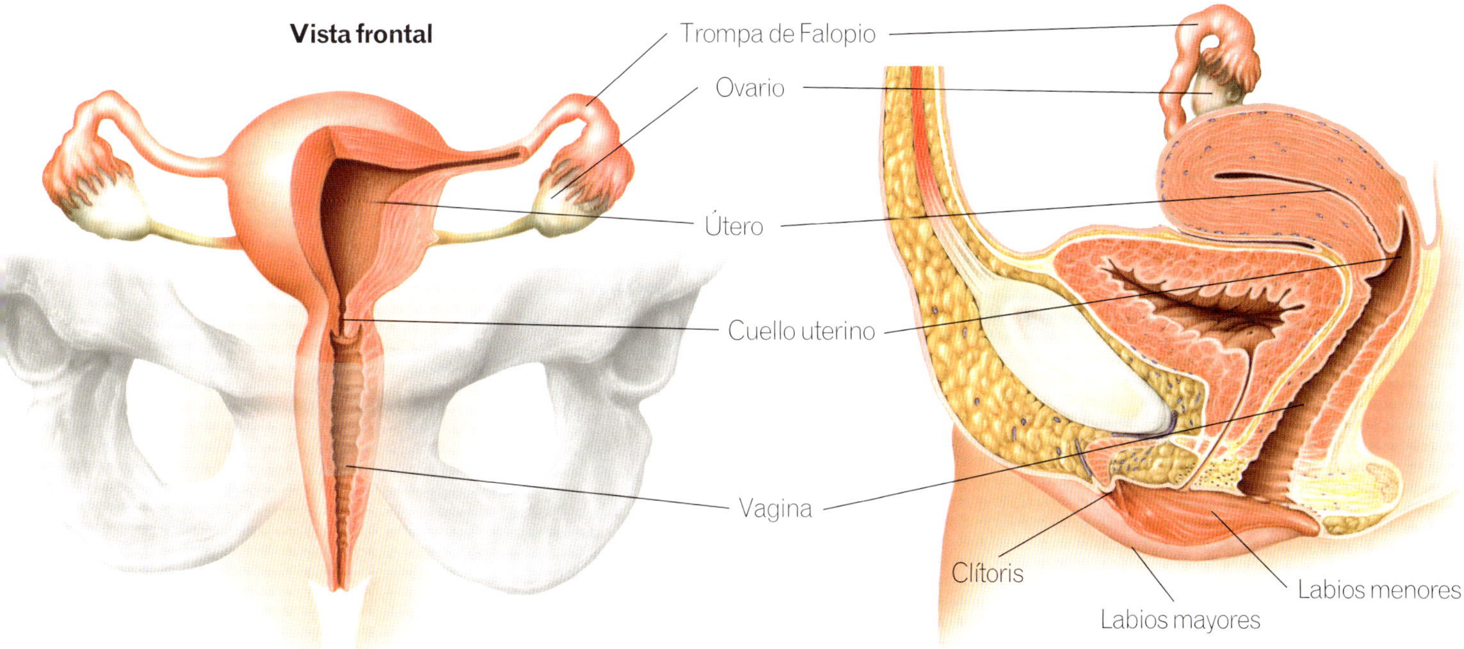

Óvulo

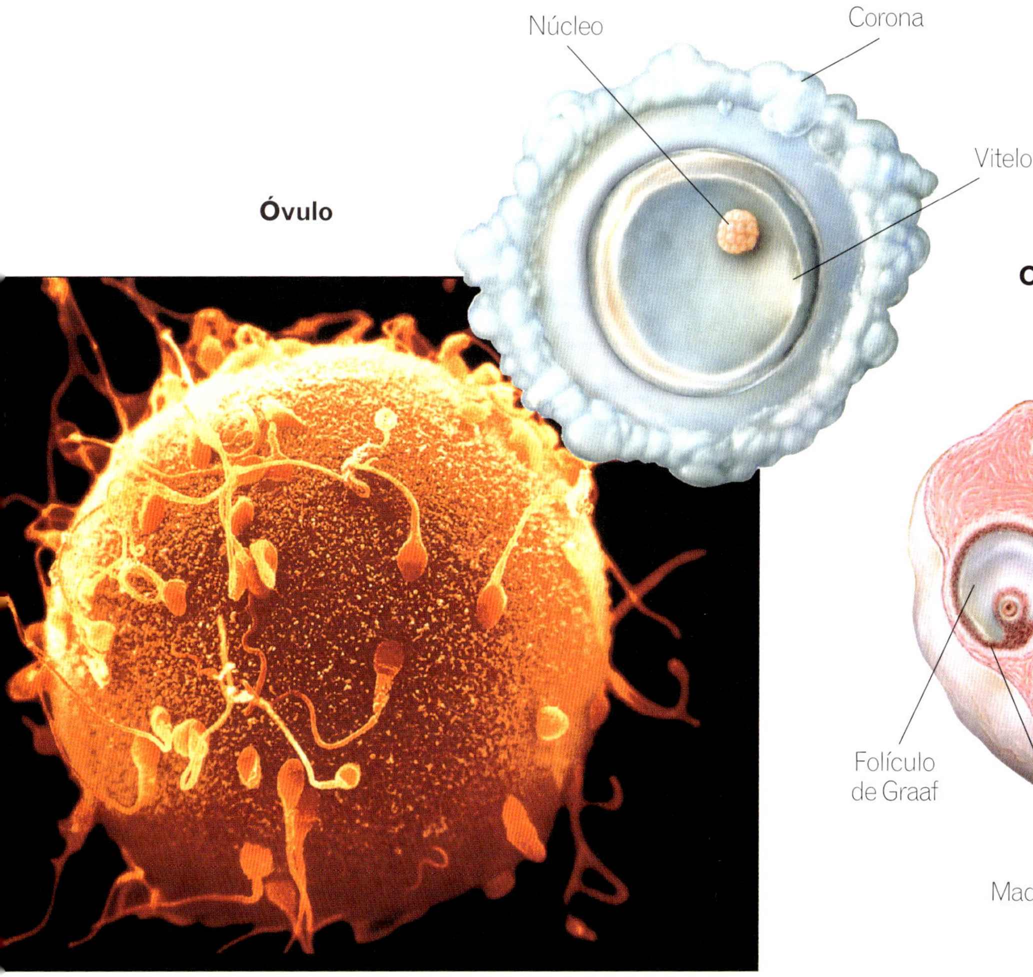

Ovario y formación del óvulo

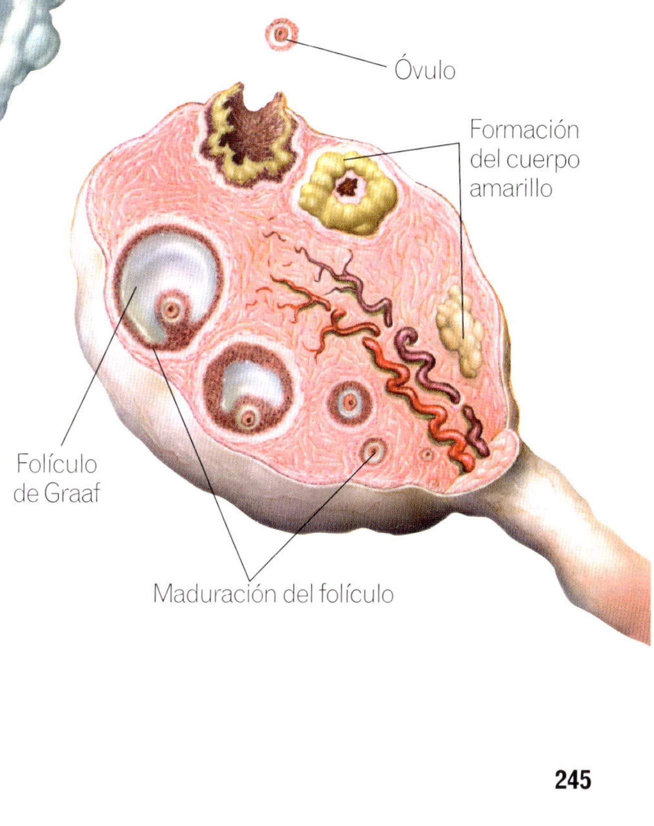

Conceptos clave

Absorción intestinal

Paso de nutrientes resultantes de la digestión, a través de las paredes del intestino, al medio interno.

Acomodación

En el ojo, cambio que se produce en la forma del cristalino para que los rayos de luz se enfoquen correctamente sobre la retina.

Acto reflejo

Respuesta rápida y automática del sistema nervioso ante un estímulo. Es un acto involuntario que se elabora y coordina en la médula espinal, sin que sea necesaria la intervención del cerebro. Por ejemplo, retirar la mano, de forma automática, cuando nos pinchamos. El conjunto de elementos que intervienen en un acto reflejo constituyen el arco reflejo.

Aditivo alimentario

Sustancia química que no posee ningún valor nutritivo y que se añade en pequeñas cantidades a los alimentos para modificar su color, olor o sabor.

Alimento transgénico

Alimento obtenido de un organismo, animal o vegetal, cuyo material genético ha sido modificado con el fin de obtener una característica deseada. Por ejemplo, incorporar a un tomate los genes de un pez que le permita resistir el frío.

Alvéolo pulmonar

Estructura pulmonar de intercambio gaseoso donde se produce el paso de oxígeno desde los pulmones hacia la sangre y la salida de dióxido de carbono desde la sangre hacia los pulmones.

Alzheimer

Enfermedad degenerativa producida por la destrucción de neuronas de la corteza cerebral.

Amenorrea

Supresión de la menstruación. Del griego, *a*: negación, *men*: mes, y *rheos*: flujo.

Anemia

Disminución por debajo de los valores normales de la cantidad de hemoglobina o del número de glóbulos rojos, debida a la pérdida o destrucción de los glóbulos rojos, o a trastornos en su formación.

Anorexia

Trastorno grave de la conducta alimentaria que se caracteriza por tener una imagen distorsionada del cuerpo, lo que lleva a una pérdida voluntaria de peso que acarrea graves problemas de salud.

Antagónico

En biología, que realiza acciones contrarias. Por ejemplo, los nervios simpáticos y parasimpáticos: si el simpático estimula una actividad determinada, el parasimpático la inhibe, y viceversa.

Anticuerpo

Proteína producida por las células del sistema inmunitario llamadas linfocitos, cuya función es bloquear la acción de sustancias, virus o microorganismos ajenos al organismo.

Antrópico

Producido por el ser humano, o que afecta a los intereses humanos. Del griego, *antropos*: ser humano.

Apófisis

Prominencia que presentan algunos huesos, que normalmente sirve para la inserción de músculos y ligamentos.

Arco reflejo

Estructura nerviosa que poseen los animales para producir una respuesta ante un estímulo determinado. La respuesta es automática e involuntaria, y se denomina acto reflejo.

Arteria

Vaso sanguíneo por el que circula la sangre proveniente del corazón hasta los distintos órganos del cuerpo.

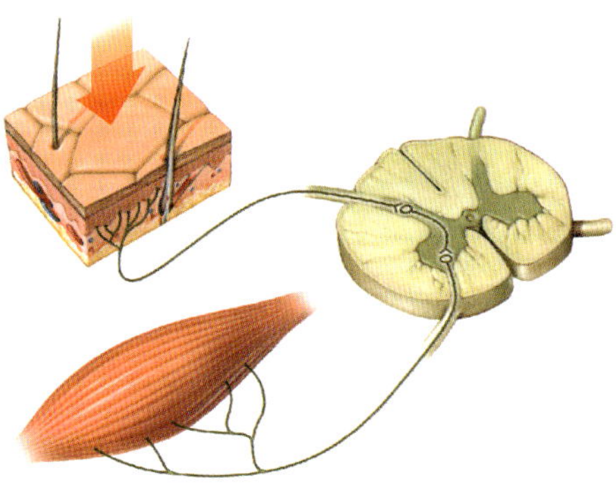

Arco reflejo.

Arteriosclerosis

Engrosamiento y endurecimiento de las paredes de las arterias causados por el depósito de colesterol y otros lípidos. Del griego *arteria*: arteria, y *aklérosis*: endurecimiento.

Articulación

Zona en la que uno o más huesos se unen. La mayor parte de las articulaciones son móviles, lo que permite que un individuo pueda moverse.

Axón

Prolongación larga de una neurona por la que se transmiten impulsos nerviosos hasta llegar a otra neurona, una célula muscular o una célula glandular. Del latín *axis*: eje.

Bilis

Líquido fabricado por el hígado, que se acumula en la vesícula biliar, de donde se vierte al duodeno a medida que se realiza la digestión.

Biocenosis

Conjunto de seres vivos o de poblaciones que ocupan un biotopo, y las relaciones que se establecen entre ellos. Del griego *bio*: vida, y *koinos*, común.

Biotopo

Lugar o medio físico que ocupa una comunidad o biocenosis. El concepto de biotopo no incluye solo el medio físico, sino también sus características. Así, por ejemplo, en el biotopo acuático las características serían la salinidad, la profundidad, temperatura del agua, luz, etc. Del griego *bio*: vida, y *topo*: lugar.

Bulimia

Enfermedad que se caracteriza por la ingestión excesiva e insaciable de alimentos. Suele ir acompañada de anorexia, por lo que es frecuente que los pacientes se provoquen el vómito o consuman laxantes para evitar aumentar de peso.

Caja torácica

Estructura formada principalmente por las costillas y el esternón. Su función es proteger los pulmones y el corazón, y permitir los movimientos necesarios para la ventilación pulmonar.

Capilar

Vaso sanguíneo de pequeño diámetro y paredes finas, formado por una sola capa de células, que forman redes extensas dentro de los órganos y unen las arterias y las venas. A través de sus paredes se realiza el intercambio de sustancias a nivel celular.

Caries

Enfermedad infecciosa, producida por las bacterias que viven en la boca, que provoca la destrucción progresiva de los tejidos duros del diente. La única forma de prevenirla es tener una higiene dental correcta y acudir regularmente al dentista.

Cavidad

Espacio hueco en el interior del cuerpo, en el que se alojan diferentes estructuras anatómicas.

Célula diana

Célula que es estimulada por una determinada hormona.

Coágulo

Masa blanda o semisólida producida a partir de un líquido, como la sangre, linfa o leche. Se forma por la conversión de unas proteínas solubles en insolubles.

Coerción

Acción de coercer. Represión de un proceso para evitar que continúe su curso. Aplicado a las personas, acción de reprimirlas o someterlas a medios que las impiden expresarse o manifestarse libremente.

Contagio

Transmisión de una enfermedad infecciosa de una persona enferma a otra sana.

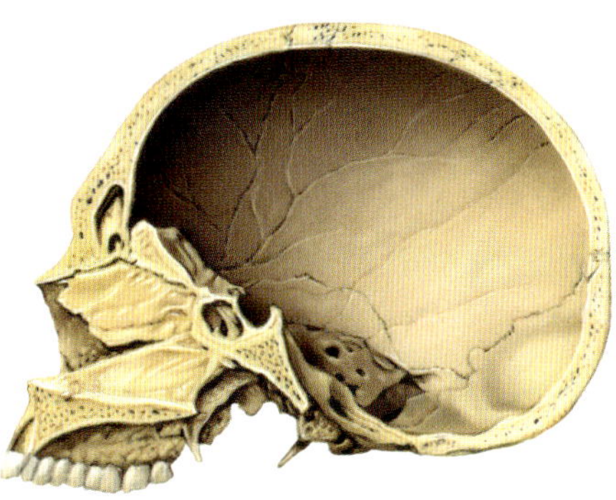

Cráneo.

Cráneo

Caja ósea que protege al encéfalo. Está constituido por ocho huesos soldados entre sí.

Cuenca sedimentaria

Zona del terreno, generalmente una depresión, en la que se acumulan sedimentos. En ella se originan los estratos.

Daltonismo

Enfermedad genética que se caracteriza por la incapacidad para distinguir ciertos colores.

Dendrita

Prolongación corta y ramificada de las neuronas, que suele captar los estímulos.

Dependencia

En drogodependencia, necesidad compulsiva que tiene un individuo de consumir droga, y de la que no se puede sustraer.

Diáfisis

Parte central comprendida entre los dos extremos de los huesos largos. Está formada por un tejido óseo compacto, en cuyo interior se encuentra la médula ósea. De forma coloquial se denomina «caña del hueso».

Diafragma

Músculo que separa la cavidad torácica de la abdominal. Mediante su movimiento ascendente o descendente, aumenta o disminuye el tamaño de la cavidad torácica, permitiendo los movimientos respiratorios.

Diástole

Movimiento de dilatación del corazón, especialmente de los ventrículos, que permite que estos se llenen de sangre. Ver *Sístole*.

Dieta

Conjunto de alimentos que ingerimos a lo largo del día. Para que nuestro organismo funcione correctamente es imprescindible que la dieta sea completa y equilibrada.

Difusión

Paso de sustancias pequeñas a través de la membrana de las células desde un medio muy concentrado hasta otro poco concentrado.

Alimentos de una dieta mediterránea.

Digestión

Transformación química o mecánica que sufren los alimentos a su paso por el tubo digestivo para convertirse en sustancias que puedan ser asimiladas por el organismo.

Disfunción

Mal funcionamiento de un órgano, sistema o dispositivo que le impide realizar correctamente su trabajo.

Droga

Sustancia con capacidad para alterar el funcionamiento normal de un ser vivo. El alcohol, el tabaco, la cocaína o el hachís son algunos ejemplos de drogas.

Efector

Músculo o glándula que ejecuta la respuesta ante un estímulo determinado.

Egestión

Expulsión, en forma de heces, de las sustancias que el organismo no ha absorbido.

Enfermedad infecciosa

Es la producida por microorganismos, como virus, bacterias, protozoos y hongos unicelulares.

Epífisis

Extremo ensanchado de un hueso largo, también denominado cabeza del hueso.

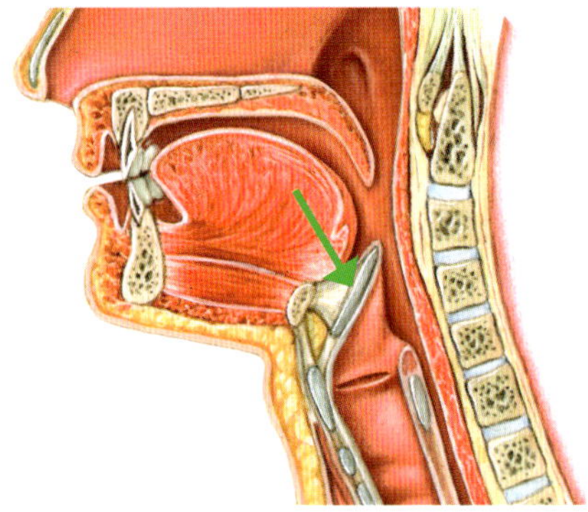

Epiglotis.

Epiglotis

Lámina cartilaginosa en la entrada de la laringe, que se mueve hacia abajo para impedir que los alimentos ingeridos pasen a la tráquea y los pulmones. Del griego *epi*: sobre, y *glottis*: lengua.

Eritrocito

Célula de la sangre carente de núcleo (en los mamíferos), de forma aplanada y achatada en su centro, que contiene hemoglobina. Su función es transportar oxígeno desde el aparato respiratorio hacia todas las células del organismo. Del griego *erythrós:* rojo, y *cito*: célula.

Esófago

Porción del tubo digestivo por el que el alimento avanza desde la faringe hasta el estómago.

Espiración

Movimiento respiratorio, generalmente pasivo, que permite la expulsión de aire al exterior del organismo, producido como consecuencia de la disminución del volumen torácico y la relajación de los músculos intercostales y el diafragma. Ver *Inspiración*.

Estímulo

Cualquier cambio que se produce en el medio que nos rodea, y que puede ser captado por nuestro organismo.

Estrato

Masa de rocas que presenta forma de capa y que es característica de los terrenos sedimentarios Del latín, *stratus*: manta.

Excreción

Expulsión de los productos de desecho resultantes de la actividad celular. Esta función en las personas se realiza principalmente en el aparato excretor, los pulmones y las glándulas sudoríparas de la piel.

F

Fagocitar

Englobar un microorganismo o una célula a otro microorganismo o a una partícula alimenticia, para digerirlo a continuación. La fagocitosis se realiza emitiendo unas prolongaciones del citoplasma llamadas seudópodos.

Fagocito

Célula sanguínea que forma parte del sistema inmunitario, capaz de englobar partículas o microorganismos y digerirlos. Del griego *phágos*: comilón, y *cito*: célula.

Faringe

Conducto que se encuentra detrás de la cavidad bucal y que es común al aparato respiratorio y digestivo. Por él pasa el alimento desde la boca hasta el esófago, y el aire de la boca o la nariz hacia la laringe.

G

Ganglio linfático

Engrosamiento que presentan los vasos linfáticos a lo largo de su recorrido. Abundan en el cuello, axilas e ingles. Es un órgano de maduración de algunos glóbulos blancos.

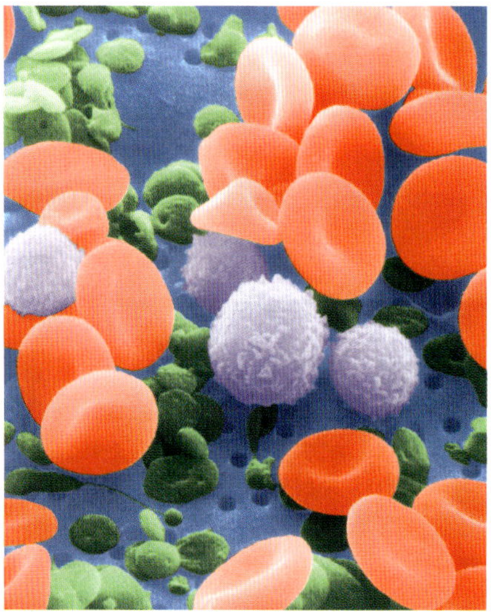

Eritrocitos.

Glándula

Órgano unicelular o pluricelular con función secretora, es decir, que produce y libera una determinada sustancia. Hay varios tipos: exocrinas, como las glándulas mamarias; endocrinas, como el tiroides, y mixtas, como el páncreas.

Glándulas sudoríparas

Glándulas exocrinas repartidas por toda la piel que elaboran un líquido, el sudor, que vierten sobre la superficie corporal.

Glúcido

Nutriente orgánico que la célula necesita para obtener energía. La glucosa, la sacarosa o azúcar de mesa, el almidón de las plantas y la celulosa de las paredes de las células vegetales son glúcidos. Abundan en las frutas y las semillas.

H

Hemofilia

Enfermedad genética que consiste en la dificultad para coagular la sangre.

Hemoglobina

Proteína contenida en los glóbulos rojos. Se encarga de recoger las moléculas de oxígeno y de transportarlas hacia todas las células del cuerpo.

Homeostasis

Conjunto de mecanismos que tienen como misión mantener constante el medio interno, es decir, que no varíen sus propiedades. Del griego, *homeo:* semejante, y *stásis:* posición o estabilidad.

Hormona

Sustancia orgánica que es vertida a la sangre por las glándulas endocrinas, y que después, a través de la circulación sanguínea, llega a un órgano determinado, donde regula alguna función.

I

Impulso nervioso

Corriente eléctrica y química que recorre las neuronas de los nervios receptores y de los nervios efectores, transmitiendo información. Por ejemplo, al poner la mano en un objeto caliente, un impulso nervioso es enviado desde la mano hacia la médula espinal, y otro impulso nervioso parte de esta hacia los músculos que, al contraerse, retiran la mano.

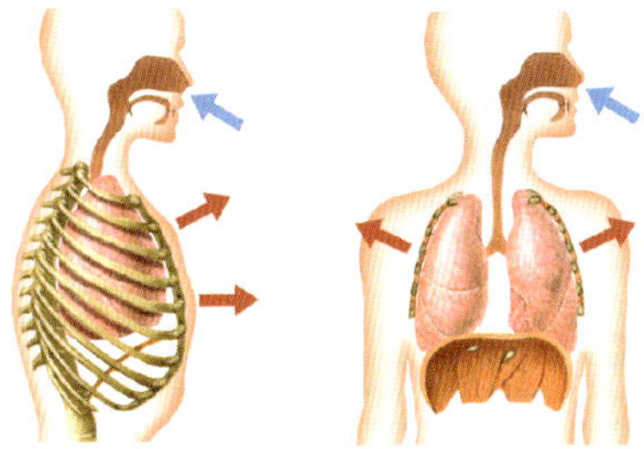

Inspiración.

Infarto de miocardio

Muerte de una parte del corazón. Se produce debido a la obstrucción total de las arterias coronarias que llevan sangre a esa zona. Se caracteriza por un dolor intenso en el pecho y brazo izquierdo. Si la zona afectada es muy grande, puede ser mortal.

Ingestión

Entrada de alimentos en el tubo digestivo.

Inmunizar

En un organismo, desarrollar la capacidad para superar o impedir una infección, o para no resultar dañado por una sustancia tóxica. El sistema inmunitario humano desarrolla la inmunidad a algunas enfermedades infecciosas mediante la producción de anticuerpos.

Inspiración

Movimiento respiratorio activo que permite la entrada de aire a los pulmones al aumentar el volumen de la cavidad torácica. Ver *Espiración*.

Kilocaloría

Unidad de medida utilizada para expresar el contenido energético de los alimentos. Una kilocaloría equivale a 1 000 calorías o a 4,2 kilojulios.

Lengua

Órgano musculoso donde se ubica el sentido del gusto.

Leucocito

Célula sanguínea nucleada, con forma irregular, que interviene en los procesos de defensa de nuestro organismo contra las infecciones. Del griego, *leukós*: blanco, y *cito*: célula.

Ligamento

Cordón de tejido elástico que une los huesos de las articulaciones entre sí, proporcionándoles elasticidad y resistencia.

Linfa

Líquido de color claro que se forma a partir del plasma intersticial que rodea a las células y que circula a través de los vasos del sistema linfático. Del latín *lympha*: agua.

Lípido

Nutriente orgánico que además de proporcionar energía, contribuye a la síntesis de estructuras, actúa como material aislante y constituye la reserva de animales y vegetales. Las grasas, el colesterol y algunas vitaminas, como la A y la D, son ejemplos de lípidos.

Líquido sinovial

Líquido incoloro, viscoso y gelatinoso que se encuentra en el interior de las cavidades articulares. Lubrica y amortigua las superficies articulares, para impedir los roces entre los huesos.

Medio interno

Conjunto de líquidos extracelulares que se encuentran entre las células del organismo (plasma intersticial) o circulando por vasos sanguíneos (sangre) o linfáticos (linfa). A través del medio interno se realiza la función de transporte entre el medio externo y las células.

Médula espinal

Cilindro nervioso que recorre el interior de la columna vertebral.

Meninge

Cada una de las tres envolturas membranosas que rodean el cerebro y la médula espinal.

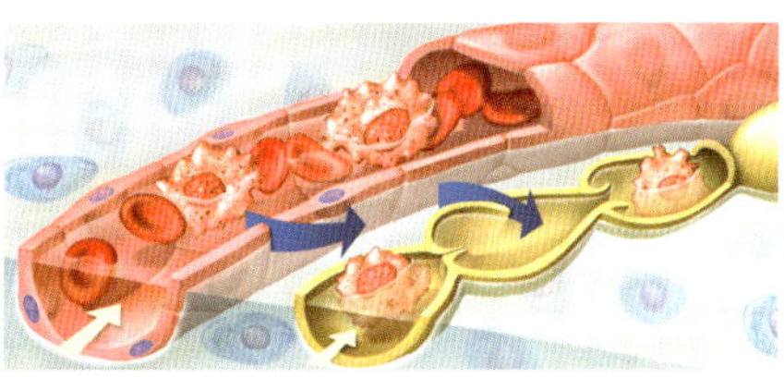

Linfa y sangre.

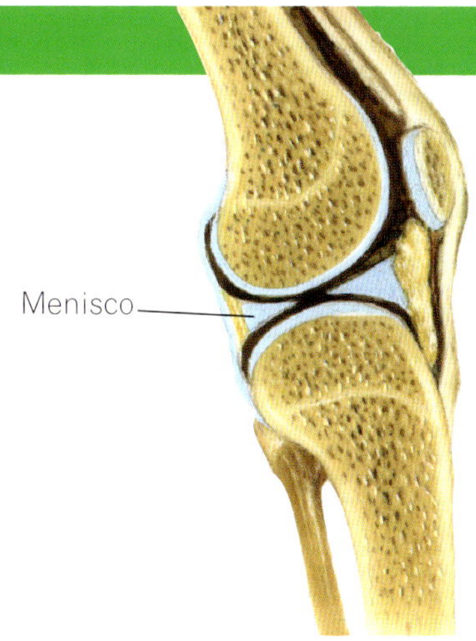

Menisco

Cartílago de forma semilunar que se encuentra en la rodilla y en otras articulaciones.

Monocultivo

Terreno muy extenso dedicado a la agricultura, en el que se cultiva una única especie, frecuentemente de cereales, como el trigo, la cebada o el arroz.

Movimiento peristáltico

Movimiento que realizan los músculos de las paredes de algunos de los órganos del tubo digestivo para que los alimentos se transporten y se mezclen con los jugos digestivos.

Mucosa

Membrana de tejido epitelial con abundantes orificios glandulares que tapiza las cavidades de los órganos internos de los animales relacionadas con el exterior (tubo digestivo, fosas nasales, etc.).

Músculo

Órgano formado por fibras musculares que posibilita el movimiento. Responde a los impulsos nerviosos contrayéndose o relajándose.

Nefrona

Unidad funcional del riñón donde se lleva a cabo la producción de orina.

Nervio

Órgano en forma de cordón, conductor o transmisor de impulsos nerviosos. Los nervios están compuestos de fibras nerviosas reunidas en haces, que a su vez resultan de las asociaciones de las prolongaciones axónicas de las neuronas.

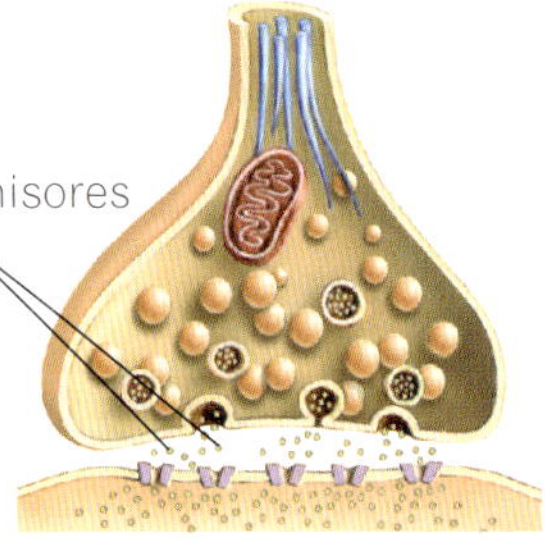

Neurona

Célula nerviosa especializada, considerada la unidad estructural y funcional del sistema nervioso.

Neurotransmisor

Sustancia química que se libera en la transmisión del impulso nervioso a través de la sinapsis de una neurona a otra.

Nutrición

Conjunto de procesos por los cuales los seres vivos incorporan las sustancias del medio que los rodea y los transforman en su propia materia.

Nutriente

Molécula pequeña que resulta de la digestión de los alimentos, y que puede ser utilizada por las células como fuente de energía y de materia.

O

Orina

Líquido amarillo que se forma en los riñones a partir del plasma de la sangre. Está formada por agua y diversas sustancias de desecho.

Oportunista

Que aprovecha una oportunidad imprevista para obtener un beneficio. Aplicado a los microorganismos, los que proliferan cuando desaparecen los que habitualmente ocupan un lugar concreto.

Óseo

Relativo al hueso o compuesto de él.

Osteoporosis

Proceso de descalcificación de los huesos, que se vuelven menos compactos, más frágiles, por lo que se pueden romper de manera espontánea o por pequeños golpes.

P

Páncreas

Glándula mixta situada detrás y debajo del estómago. Tiene una parte endocrina productora de hormonas y una exocrina, productora de jugo pancreático.

Pandemia

Epidemia que afecta al mismo tiempo a un gran número de individuos de una amplia zona geográfica.

Parkinson

Enfermedad causada por una lesión cerebral. Se caracteriza por temblores y rigidez muscular.

Pasteurización

Proceso que se aplica a alimentos como leche, vinos, quesos, etc., que consiste en el calentamiento durante unos segundos hasta una temperatura de 71,7 °C y en el posterior enfriamiento rápido para destruir microorganismos patógenos sin que se modifiquen las sustancias presentes en dichos alimentos.

Periostio

Membrana de tejido conjuntivo que rodea la superficie del hueso.

Plasma sanguíneo

Componente líquido de la sangre constituido principalmente por agua, que contiene en disolución diferentes proteínas, sales minerales y otras sustancias químicas muy diversas.

Población

Conjunto de individuos de la misma especie, que pueden reproducirse entre sí, y que forman parte de la misma biocenosis en un ecosistema.

Promiscuidad

Mezcla o confusión. Aplicado a las personas, convivencia desordenada. Habitualmente se utiliza para referirse al hecho de mantener relaciones sexuales con varias personas.

Proteína

Nutriente orgánico que realiza funciones estructurales, transportadoras, contráctiles y reguladoras en los organismos. Se encuentra en carnes, pescados, huevos, lácteos, cereales y legumbres.

Pulmón

Órgano de la respiración de estructura esponjosa y blanda formado por multitud de alvéolos y por las ramificaciones de los bronquios. Generalmente son dos aunque algunos reptiles solo tienen uno.

Pulso

Número de veces que el corazón late por minuto. Se mide en la muñeca, cuello, sien o ingle. El pulso normal de los adultos oscila entre 60 y 100 latidos por minuto, aunque estos pueden fluctuar y aumentan con el ejercicio, las enfermedades, las lesiones y las emociones.

Q

Quilo

Producto de la digestión de los alimentos, formado por agua, sales minerales, vitaminas, fibra y nutrientes.

Quimo

Pasta homogénea en que se transforman los alimentos en el estómago debido a los jugos gástricos y los movimientos de los músculos de las paredes estomacales.

R

Receptor

Elemento nervioso o célula sensible capaz de captar un estímulo y transformarlo en un estímulo nervioso que es transmitido hasta los centros nerviosos (cerebro y médula espinal).

Relación

Conjunto de interacciones mediante las cuales los seres vivos se relacionan entre sí y con el medio que los rodea produciendo todo tipo de respuestas a los estímulos externos e internos.

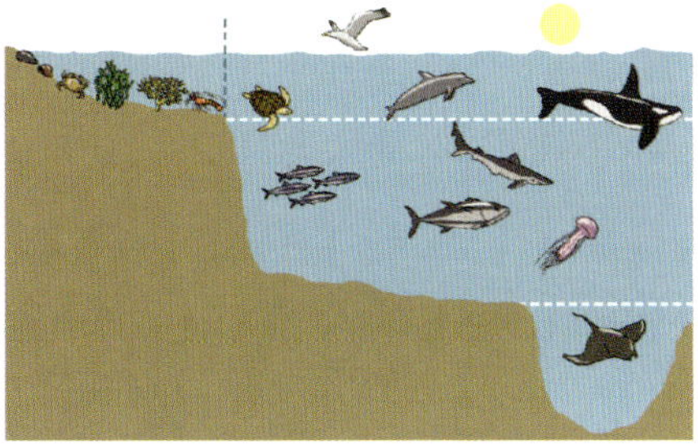

Talud continental.

Salobre

Agua con una proporción de sales elevada, lo que la hace inapropiada para el consumo.

Sangre

Líquido de color rojo que constituye el medio interno que circula por los vasos del aparato circulatorio. Está compuesta por una parte líquida, denominada plasma, y por diferentes células sanguíneas.

Sinapsis

Zona de contacto funcional entre dos neuronas que permite que el impulso nervioso se transmita de una neurona a otra.

Sístole

Movimiento de contracción del corazón, especialmente de los ventrículos, que envía la sangre recibida de las aurículas a las arterias aorta y pulmonar. Ver *Diástole*.

Sudor

Líquido claro elaborado por las glándulas sudoríparas que es vertido sobre la superficie corporal. Tiene una composición parecida a la orina, aunque más diluida. Es un producto de excreción y colabora en la refrigeración del cuerpo.

Supresión

Detención súbita de la secreción de una glándula o de la excreción.

Sustancia blanca

Materia que constituye la parte más interna del cerebro y la más externa de la médula, formada por axones.

Sustancia gris

Materia que forma la parte más externa o corteza del cerebro y la más interna de la médula, formada por los cuerpos celulares y las dendritas de las neuronas.

Talud

Parte inclinada de un terreno, normalmente de poca altura. El talud continental es la zona de transición entre la plataforma continental y el fondo oceánico, y constituye el borde de los continentes.

Tasa de metabolismo basal (TMB)

Cantidad de energía utilizada por el organismo, en reposo absoluto y a temperatura constante, para mantenerse vivo.

Tendón

Cordón de tejido conjuntivo que une los músculos a los huesos.

Tolerancia

Resistencia a una determinada droga.

Topografía

Representación gráfica de la superficie de un terreno. Por extensión, se usa el término para referirse al aspecto que tiene ese terreno en la realidad. Del griego, *topos*: lugar, y *grafós*: escritura o dibujo.

Trombo

Coágulo sanguíneo en el interior de un vaso.

Trombocito

Fragmento celular que colabora en la coagulación de la sangre, ayudando a detener las hemorragias producidas por la rotura de los vasos sanguíneos. Es sinónimo de plaqueta. Del griego, *thrómbos:* grumo o coágulo, y *cito*: célula.

Válvula

Repliegue membranoso de un vaso o conducto que impide el reflujo de los líquidos.

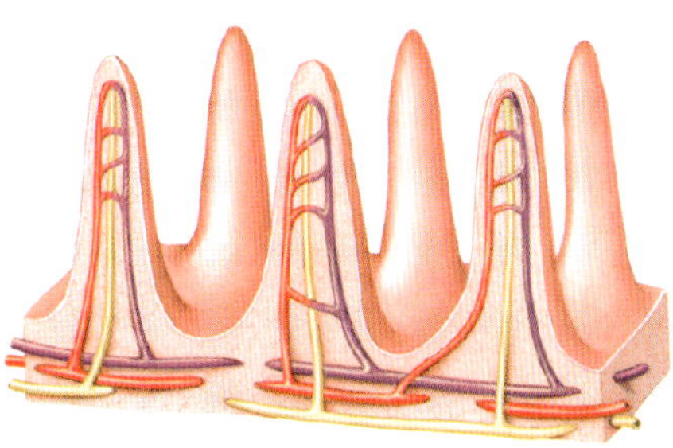

Vellosidades.

Vaso ciego

Conducto que tiene alguno de sus extremos tapado o cerrado. Los capilares linfáticos son vasos ciegos.

Vasodilatación

Aumento del diámetro de los vasos sanguíneos producido por la relajación de las fibras musculares de sus paredes. Puede producir efectos como disminución de la tensión arterial o enrojecimiento y aumento de temperatura de la piel.

Vector

En biología, organismo que transmite una enfermedad infecciosa o parasitaria. En física, magnitud que se mide según una dirección y sentido, como la velocidad.

Vellosidad intestinal

Repliegue de la pared del intestino delgado que aumenta la superficie a través de la cual serán absorbidos los nutrientes.

Ventilación

Proceso por el que los animales toman del medio aire rico en oxígeno y expulsan aire enriquecido en dióxido de carbono.

Vena

Vaso sanguíneo que conduce la sangre desde los distintos órganos hacia el corazón. La estructura de las venas es similar a la de las arterias pero con paredes más finas, lo que las hace menos elásticas. En su interior poseen válvulas que impiden el retroceso de la sangre.

Vitamina

Sustancia orgánica necesaria en cantidades muy pequeñas para regular las funciones que realizan las células. Nuestro organismo no puede fabricar vitaminas y por eso es necesario tomarlas con la dieta. Son abundantes en alimentos vegetales frescos, como la fruta y la verdura, y en alimentos animales, como los huevos, la leche o la mantequilla.

Vulva

Conjunto de los genitales externos femeninos, constituido por los labios menores y el clítoris.

Dirección de arte: **José Crespo**

Proyecto gráfico:
Portada: **PEP CARRIÓ**
Interiores: **Manuel García**

Fotografía de cubierta: **Antonio Fernández**

Ilustración: **alademoscail·lustració, Digitalartis, Marcelo Pérez, Agustí Serrano, David Cabacas, Carlos Aguilera**

Jefa de proyecto: **Rosa Marín**
Coordinación de ilustración: **Carlos Aguilera**
Jefe de desarrollo de proyecto: **Javier Tejeda**
Desarrollo gráfico: **Rosa María Barriga, José Luis García, Raúl de Andrés**

Dirección técnica: **Ángel García Encinar**

Coordinación técnica: **Francisco Moral**
Confección y montaje: **Pedro Valencia, Hilario Simón, Juan Carlos Villa, Francisco Moral**

Corrección: **Javier Alonso, Gerardo Z. García**
Documentación y selección fotográfica: **Nieves Marinas**

Fotografías: *A. Toril; C. Jiménez/photoAlquimia; C. Valderrábano e I. Hernández; D. López; F. Ontañón; F. Po; GARCÍA-PELAYO/Juancho; GOYENECHEA; I. Codina; I. Meléndez; J. Arbós; J. C. Muñoz/*'Instituto Geológico y Minero de España'*; J. Crespo; J. I. Medina; J. J. Balbuena; J. Jaime; J. L. G. Grande; J. Latova; J. Lucas; J. M.ª Barres; J. M.ª Escudero; J. Navarro; J. Segarra; J. V. Resino; Krauel; L. Valenciano; M. Blanco; M. López; O. Torres; ORONOZ; P. Esgueva; P. López; P. Nadal; Prats i Camps; R. Iriarte; S. Cid; S. Enríquez; S. Padura*; A. G. E. FOTOSTOCK/NIH/ Science Source, Sinclair Stammers, James Cavallini, Science Source, Don W. Fawcett, Dennis Kunkel, Javier Larrea, MedicalRF com, Tony Waltham, Manfred Kage, Andrew Syred, Ramón Masats, EYE OF SCIENCE/SPL, Rick Gómez, Liane Cary, MicroScan, Mauro Fermariello, SciMAT, GJLP, CNRI, AFLO, Pascal Goetgheluck, MSZ, Lawrence Berkeley Lab., Science Photo Library, Joseph F. Gennaro Jr, Biocos/Francis Leroy, Science Museum/SSPL, Dr. Linda Stannard, UC, Dr. Gary D. Gaugler, Biophoto Associates; CENTRAL STOCK; COMSTOCK; CONTIFOTO/CORBIS SYGMA, OPTION PHOTO/*Lefret*, PRESSE SPORTS, SYGMA; CONTIFOTO/SYGMA/*Bismini, Daniel Giry, Diego Goldberg, James Andanson, Jean-Marc Charles, John Van Hasselt, Jon Jones, Pierre Perrin, Stéphane Compoint*, KEYSTONE, SIEMENS, VANDYSTADT/ *Christian Le Bozec*; COVER/CORBIS/ Lester V. Bergman, Clouds Hill Imaging Ltd., Dung Vo Trung, Bettmann; DIGITALVISION; EFE/GREENPEACE/Gavin Newman/Handout, EPA/Roland Weihrauch, Jesús de la Calle, Emilio Morenatti, Mariano Cieza, Jaume Sellart, Guido Manuilo, Andreu Dalmau, *S. Barrenechea*, SIPA SANTÉ/*F. Durand*; EFE/SIPA-PRESS/*A. Boulat, Bazin, Dominique Raveleau, Martha Rial*, SIPA; GETTY IMAGES SALES SPAIN/Visuals Unlimited/Dr. FA Murphy, Visuals Unlimited/George Musil, Stone/RNHRD NHS Trust, Taxi/John Downer, Altrendo Nature, 3D4Medical.com, Neil Bromhall, Rischgitz, Tissues & Organs/Dr. Kessel & Dr. Kardon, Taxi/Messerschmidt, Dr Kessel & Dr Kardon/Tissues & Organs, Visuals Unlimited/Dr. David Phillips, Stone/Yorgos Nikas, Visuals Unlimited/Dr. John D. Cunningham, Bruce Ayres; HIGHRES PRESS STOCK/AbleStock.com; I. Preysler; ISTOCKPHOTO; J. M.ª Barres; JOHN FOXX IMAGES; MELBA AGENCY; MICROS/ *J. M. Blanco*; O. Daidola; PAISAJES ESPAÑOLES; PHOTODISC; SEIS X SEIS/*D. Lezama*; Ana M.ª Guerra; Región de Murcia/EPA; C. Jiménez; J. I. Medina; AMNISTÍA INTERNACIONAL; BEETHOVEN-HAUS, BONN; BIBLIOTECA NACIONAL DE ESPAÑA/Laboratorio Biblioteca Nacional; Dra. Mercedes Durfort Coll; ENFERSA; ENRESA; IBERDROLA; INSTITUTO GEOLÓGICO Y MINERO DE ESPAÑA; J. E. Casariego; MATTON-BILD; MINISTERIO DE FOMENTO; Ministerio de Sanidad y Consumo; MUSEO ARQUEOLÓGICO NACIONAL, MADRID/'Archivo Fotográfico. Museo Arqueológico Nacional'; MUSEO NAVAL, MADRID; ÖSTERREICHISCHE GALERIE IM BELVEDERE, VIENA; PEDROSA; SERIDEC PHOTOIMAGENES CD © PHOTOALTO; SERVEI DE TRAUMATOLOGIA. CONSORCI SANITARI DE MATARÓ; ARCHIVO SANTILLANA

Nuestro agradecimiento a los siguientes profesores y profesoras por su asesoramiento en la renovación de este libro:
Jesús Francisco Álvarez Pobes, Esteban Díaz Carrillo, Arturo Enríquez Barroso, Alberto Hernández García, Ana Pilar Hidalgo Cabrera, Pilar Iniesto López, Santiago López Fernández, Francisco José Medina Cerrado, Laly Palacín Fernández, Cristina Pedrajas Rodríguez, Elena Ramírez Ezquerro, Patricia Reus Balaguer, Jaime Rodríguez Amado y José Ignacio Zulet Ongay

Torrelaguna, 60. 28043 Madrid
PRINTED IN CHINA

ISBN: 978-84-294-3026-4
CP: 249376